Menschheitsaufgabe Klimaschutz

Das Übereinkommen von Paris

Daniel Klingenfeld

Einleitung
1

Das Übereinkommen von Paris (Paris Agreement – Accord de Paris sur le climat), das am 12. Dezember 2015 beschlossen und in der Folge von der überwältigenden Mehrheit der Staaten ratifiziert wurde, bildet die Grundlage für internationale Klimapolitik in den kommenden Jahrzehnten. Basierend auf der Klimarahmenkonvention der Vereinten Nationen aus dem Jahr 1992 definiert das Übereinkommen ein starkes globales Umweltziel: Begrenzung des Temperaturanstiegs gegenüber dem vorindustriellen Niveau auf deutlich unter 2°C und Anstrengungen, um die globale Erwärmung bei 1,5°C einzuhegen. Das Abkommen schafft eine Verantwortungsarchitektur, die gemeinsames Handeln einfordert, Überprüfungsmechanismen festlegt und eine iterative Stärkung jeweiliger Beiträge zum Klimaschutz vorsieht. Der Handlungsfokus ist dabei auf der Ebene der Nationalstaaten angesiedelt. Allerdings entfaltet das Übereinkommen von Paris Wirkung weit darüber hinaus, beispielsweise auf subnationaler und regionaler Ebene in Städten und Gemeinden, in Unternehmen oder als Leitbild für das Handeln von Bürgerinnen und Bürgern.

Nach dem Beschluss des Übereinkommens auf der 21. Konferenz der Vertragsstaaten (COP 21) in Paris wurden auf Folgetreffen die Implementierungsregeln des Abkommens verhandelt und beschlossen. Im Jahr 2020 beginnt die Umsetzungsphase des Übereinkommens von Paris – ein idealer Zeitpunkt für eine Bestandsaufnahme und einen Ausblick auf Klimapolitik und Klimaschutz in den 2020er Jahren und darüber hinaus. Im vorliegenden Band soll zunächst der klimapolitische Rahmen erörtert werden, gefolgt von einer Analyse der Grundlagen internationaler Klimapolitik auf Basis der Klimarahmenkonvention, über das Kyoto-Protokoll, die Übereinkunft von Kopenhagen, hin zur COP 21 nach Paris. Weiterhin sind für ein umfassenderes Verständnis die naturwissenschaftlichen Begründungslinien der internationalen Klimapolitik von hoher Relevanz, um das beschlossene Umweltziel besser einordnen zu können. Die Arbeit des Weltklimarates IPCC sowie dessen Sachstandsberichte sind dabei zentral und hierbei inhaltlich vor allem Erkenntnisse zu Klimafolgen und Kippelementen im Erdsystem. Aber auch sozialwissenschaftliche Einsichten zu Transformationspfaden und Politikinstrumenten spielen eine wichtige Rolle in der politischen Bewertung möglicher Handlungsoptionen.

Auf Basis dieser klimapolitischen und klimawissenschaftlichen Einordnung werden im Folgenden Struktur und wesentliche Inhalte des Übereinkommens von Paris vorgestellt und genauer analysiert. Dabei sind, wie noch ausführlicher erläutert wird, nationale Selbstverpflichtungen der wesentliche Berichts- und Koordinationsmechanismus im Rahmen des Abkommens. Die Analyse zeigt auf, wie groß die Lücke zwischen politisch gesetzten Zielen einerseits und tatsächlich getroffenen Maßnahmen andererseits derzeit ist, und mit welchen Strategien sie sich schließen ließe. Dabei wird in erster Linie auf Erkenntnisse aus dem aktuellen Sonderbericht des Weltklimarates zu 1,5°C Erwärmung Bezug genommen. Relevante englische Fachtermini werden hier wie an anderen Stellen als Ergänzung zu den deutschen Begrifflichkeiten verwendet. Im Kapitel zur Umsetzung des Vertragswerks wird Klimaschutz als Gemeinschaftsaufgabe thematisiert und dargelegt, wie das Übereinkommen von Paris diesen vielschichtigen und iterativen Prozess prägt und dabei inhaltlich selbst geprägt und geformt wird. Die Ausführungen schließen mit einem Ausblick zu den Herausforderungen und Chancen bei der Vermeidung von gefährlichem Klimawandel, dem konstitutiven Ziel der Klimarahmenkonvention der Vereinten Nationen.

Klimawissenschaftliche Ausgangslage

2

1. SACHSTANDSBERICHTE DES WELTKLIMARATES
2. AUSWIRKUNGEN DES KLIMAWANDELS
3. KIPPELEMENTE IM ERDSYSTEM
4. WIRKUNG VON TREIBHAUSGASEN UND BUDGETPRINZIP

2.1 Sachstandsberichte des Weltklimarates

Wissenschaftliche Erkenntnisse zum Klimawandel liefern eine wichtige Entscheidungsgrundlage, um Risiken zu identifizieren und ihnen entsprechend zu begegnen. Dabei hat sich der wissenschaftliche Sachstand in den vergangenen Jahren stark erweitert, wobei die grundsätzlichen Wirkmechanismen der Klimaphysik, insbesondere die Rolle der Treibhausgase auf die globale Mitteltemperatur, schon sehr viel länger verstanden sind. Neben einer immer genaueren Analyse der komplexen naturwissenschaftlichen Dynamiken rückt zunehmend die Untersuchung möglicher Transformationspfade in den Vordergrund mit entsprechenden Anforderungen an politische Rahmensetzungen. Die Arbeit des Weltklimarates IPCC (Intergovernmental Panel on Climate Change) ist für die internationale Klimapolitik von besonderer Bedeutung. In regelmäßigen Berichtszyklen von rund sechs Jahren legt dieses zwischenstaatliche Gremium unter Beteiligung international führender Wissenschaftlerinnen und Wissenschaftlern sogenannte Sachstandsberichte (Assessment Reports) vor, die den Stand der Forschung zusammenfassen.

Der 5. Sachstandsbericht des IPCC (2014), der Eingang in die Verhandlungen zum Übereinkommen von Paris gefunden hat, zeigt auf, dass die Erwärmung des Klimasystems eindeutig ist: So war die globale Mitteltemperatur in jeder der vergangenen drei Dekaden wärmer als in irgendeiner Dekade zuvor seit Beginn der koordinierten Messungen in den 1880er Jahren. Die mittlere Oberflächentemperatur hat sich seit Beginn der Industrialisierung um rund 1°C erhöht (IPCC 2018). Ursächlich ist dabei die Freisetzung von Treibhausgasen durch menschliche Aktivitäten, in erster Linie Kohlendioxid (CO_2) aus der Verbrennung von fossilen Energieträgern (Kohle, Öl und Gas). Weiterhin sind Landnutzungsänderungen (z.B. Waldrodungen) sowie Emissionen von Methan (CH_4) und Lachgas (N_2O), u.a. aus der Landwirtschaft, relevant. Schließlich haben auch fluorierte Gase, die industriell eingesetzt werden, einen messbaren Anteil an den anthropogenen, also menschgemachten, Treibhausgasemissionen.

ABB. 1:
JÄHRLICHE ANTHROPOGENE TREIBHAUSEMISSIONEN 1970-2010

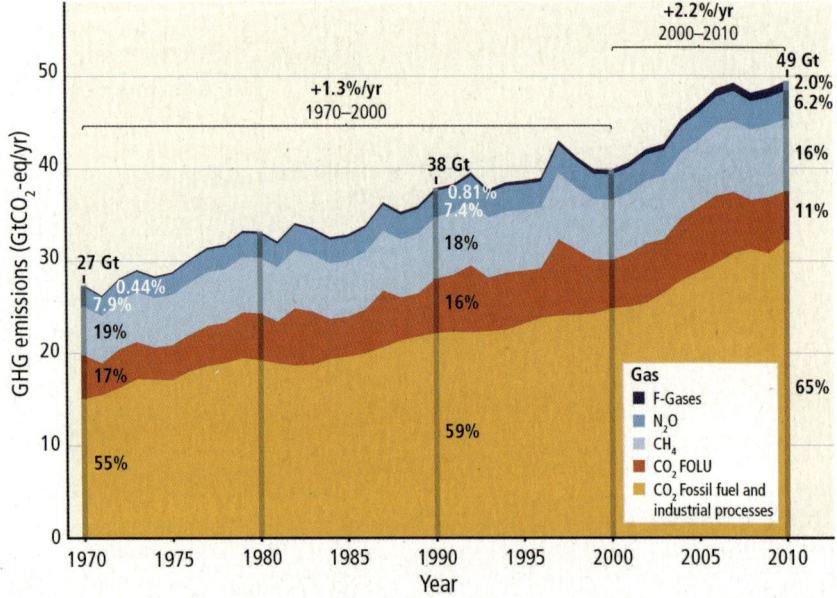

Quelle: IPCC 2014

2.2
**Auswirkungen
des Klima-
wandels**

Seit Beginn der Industrialisierung steigen die anthropogenen Treibhausgasemissionen. In der ersten Dekade des 21. Jahrhunderts hat sich
das Emissionswachstum sogar noch beschleunigt und erreicht trotz
kurzzeitiger Abflachung in den Jahren 2014-2016 neue Höchststände
(Le Quéré et al. 2018). Die Konzentration von CO_2 ist auf dem höchsten
Stand seit mindestens 800.000 Jahren, womöglich gar seit 3 Millionen
Jahren (Willeit et al. 2019). Sie liegt aktuell über 410ppm (parts per mil-
lion; NOAA 2019) im Vergleich zu einem Niveau vor Beginn der Indust-
rialisierung von rund 280ppm. Zu den nachgewiesenen menschlichen
Einflüssen auf das Klimasystem zählen neben dem Anstieg der globa-
len Mitteltemperatur u.a. der Rückgang des arktischen Meereises, der
Rückzug von Gletschern, die Oberflächenschmelze des Grönländischen
Eisschilds, sich verändernde Niederschlagsmuster sowie ein steigender
Meeresspiegel (IPCC 2014). Globale Durchschnittswerte, wie bei der
Mitteltemperatur, stellen jedoch nur einen ersten Indikator dar, da sich
große regionale Differenzen bei klimatischen Veränderungen abzeich-
nen. Darüber hinaus gibt es zahlreiche Wechselwirkungen durch den
verstärkten Treibhauseffekt. Der Weltklimarat hat eine Reihe von Klimafolgen identifiziert und entsprechende Risikoabschätzungen vorgenom-

men. Die Analyse legt dar, dass bereits bei dem derzeit beobachteten Erwärmungsniveau beträchtliche Risiken für besonders fragile und gefährdete Ökosysteme bestehen, die bei nur moderatem zusätzlichen Klimawandel weiter deutlich ansteigen würden. Auch im Bereich der Extremereignisse, wie beispielsweise Starkregen mit Überflutungen oder langanhaltende Dürre- und Hitzeperioden, sind bereits deutliche Signale zu beobachten, die sich nicht mit den langjährigen natürlichen Schwankungen erklären lassen (ebd.).

2.3 Kippelemente im Erdsystem

Demgegenüber erscheinen Risiken durch großskalige Einzelereignisse, sogenannte Kippelemente im Erdsystem, bei der derzeitig beobachteten durchschnittlichen Erwärmung von rund 1°C noch beherrschbar. Allerdings zeigen die Untersuchungen, dass sich die Menschheit bei einem fortgesetzten Erwärmungstrend einem Hochrisikobereich aussetzen würde. Kippelemente im Erdsystem weisen ein Schwellenverhalten auf, in dessen Rahmen sie in einen qualitativ neuen Zustand übergehen können – mit zum Teil erheblichen Umweltauswirkungen. Darüber hinaus wurden sich selbst verstärkende Prozesse identifiziert, die den Übergang von einem Zustand in den anderen praktisch unumkehrbar machen. Abbildung 2 zeigt einen Überblick von Kippelementen im Erdsystem mit Blick auf Eiskörper, Strömungs- und Ökosysteme (PIK 2017).

ABB. 2:
KIPPELEMENTE IM ERDSYSTEM

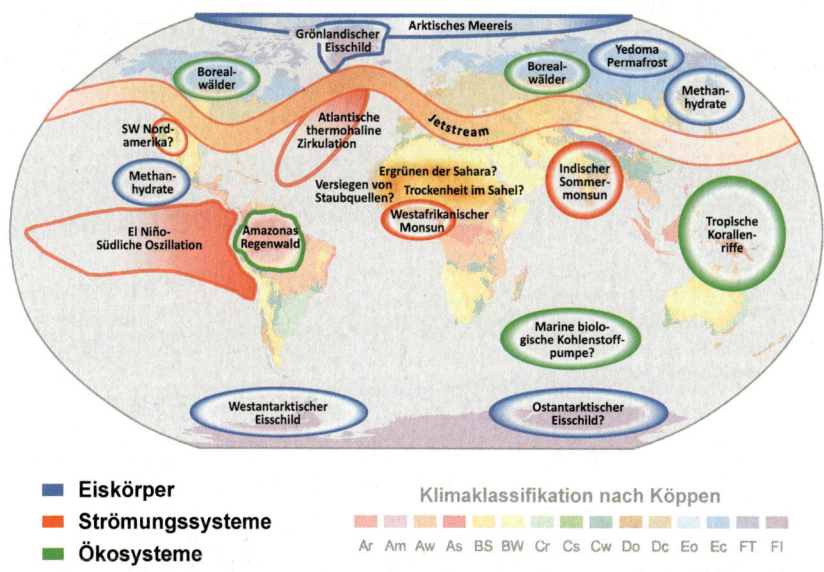

Quelle: PIK 2017

Anhand von drei Beispielen aus jedem dieser Bereiche soll die Tragweite möglicher Umweltauswirkungen exemplarisch verdeutlicht werden.

Bei den Eiskörpern ist der Grönland-Eispanzer ein besonders sensibles Kippelement (vgl. PIK 2017). Auf lange Sicht könnte es zu einem nahezu vollständigen Eisverlust bereits bei einer globalen Erderwärmung von unter 2°C kommen. Dieser über Jahrhunderte bis Jahrtausende verlaufende Prozess hätte einen Meeresspiegelanstieg von sieben Metern zur Folge. Tatsächlich wird bereits heute ein Eisverlust des stellenweise drei Kilometer starken Eisschildes gemessen, durch ins Meer fließende Gletscher sowie das Tauen des Oberflächeneises. Dadurch verliert der Eisschild an Höhe und kommt sukzessive mit wärmeren Luftschichten in Kontakt, die wiederum die Abschmelzprozesse beschleunigen (ebd.).

Auf dem Gebiet der Strömungssysteme stellt die mögliche Destabilisierung des indischen Monsuns ein weiteres Großrisiko dar (vgl. PIK 2017). Für die Landwirtschaft des indischen Subkontinents und die Ernährung von weit über einer Milliarde Menschen ist der Monsun unerlässlich. Tatsächlich sind bis zu 90 Prozent der regionalen Regenfälle dem regelmäßig auftretenden Sommermonsun zu verdanken. Er wird durch einen inneren Rückköpplungsmechanismus angetrieben, der für einen ständigen, sich selbst verstärkenden Transport von feuchter Luft vom Meer aufs Land sorgt. Durch fortschreitenden Klimawandel könnte eine Pendelbewegung zwischen einerseits abgeschwächten und andererseits verstärkten Monsunereignissen einsetzen. In der Folge würden sich extreme Dürren und Überflutungen abwechseln, mit schwerwiegenden Folgen für Ernährung und Wohlergehen der betroffenen Bevölkerung (ebd.).

Korallenriffe zählen zu den durch den Klimawandel besonders gefährdeten Ökosystemen (vgl. PIK 2017). Bereits geringe Temperaturschwankungen, vor allem aber die fortschreitende Versauerung der Ozeane infolge der Aufnahme des Treibhausgases CO_2, schädigen diese Organismen. In den letzten Jahren ist es aufgrund der Erwärmung des Wassers vermehrt zu sogenannten Korallenbleichen gekommen, infolge derer die Korallenpolypen oft absterben. Das langsame Wachstum der Korallen führt dazu, dass es mehrere 1.000 Jahre dauern kann, bis sich ein einmal abgestorbenes Riff wieder regeneriert. Mit Blick auf die fortschreitende Erderwärmung zeichnet sich ab, dass bereits bei einer Erhöhung der globalen Mitteltemperatur um unter 2°C mit dem Verlust eines Großteils der Korallenökosysteme weltweit gerechnet werden muss (ebd.). Aufgrund der bestehenden Prognoseunsicherheiten bedeutet dies mit Blick auf das Abkommen von Paris, dass jedes Zehntelgrad vermiedene Erwärmung entscheidend für das Schicksal dieses Naturraumes sein kann.

2.4
Wirkung von Treibhausgasen und Budgetprinzip

Die erwärmende Wirkung der verschiedenen Treibhausgase, die durch menschliche Aktivitäten in der Atmosphäre angereichert wurden, wird hinsichtlich der Energiebilanz des Planeten als Strahlungsantrieb bezeichnet. Dieser beträgt derzeit rund 3 Watt pro Quadratmeter, mit steigender Tendenz.

ABB. 3:
STRAHLUNGSANTRIEB 2011 IM VERGLEICH ZU 1750

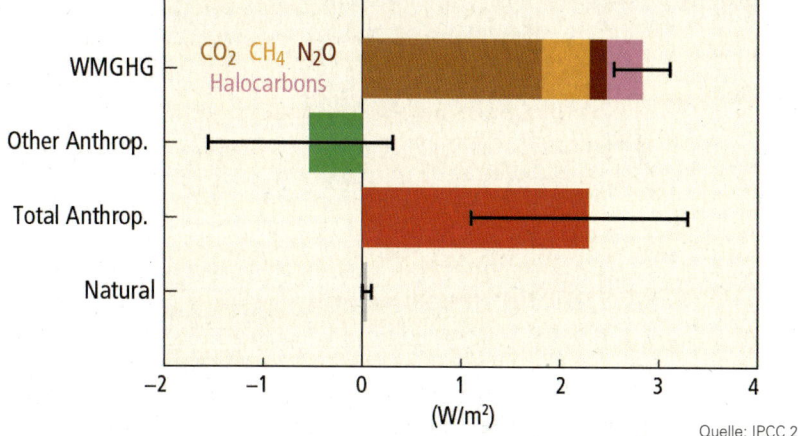

Quelle: IPCC 2014

Allerdings liegt der Nettoeffekt aktuell bei rund 2,4 Watt pro Quadratmeter und damit niedriger, da der Ausstoß von Aerosolen – vor allem als Luftschadstoffe wirkende Schwefelpartikel aus ungereinigten Kohlekraftwerken – einen Teil des Erwärmungseffektes maskiert. Die bereits jetzt im Klimasystem angelegte Erderwärmung liegt – auch aufgrund von zusätzlichen Trägheiten insbesondere der Ozeane aufgrund der hohen Wärmekapazität der Wassermassen bis zum Erreichen eines neuen Gleichgewichts – einige Zehntelgrad über dem derzeit beobachteten Niveau von 1°C gegenüber der vorindustriellen Zeit. Diese Tatsache unterstreicht den großen Handlungsdruck gerade in Bezug auf Umweltrisiken, die bei einer Erderwärmung von 2°C oder bereits darunter eintreten würden. Ebenso zeigen wissenschaftliche Befunde, dass natürliche Schwankungen des Strahlungsantriebs, beispielsweise durch sich verändernde Sonnenaktivität, im Betrachtungszeitraum vernachlässigbar gering sind.

Für die Klimapolitik von großer Bedeutung sind vor diesem Hintergrund naturwissenschaftliche Erkenntnisse zur Wirkung von Treibhausemissionen. Tatsächlich gleichen sich eine ganze Reihe von Einflussfaktoren im komplexen Zusammenspiel von positiven und negativen

Rückkopplungseffekten in einem Maße aus, dass ein quasi-linearer Zusammenhang von kumulativen Emissionen und Erderwärmung besteht, wie Abbildung 4 veranschaulicht.

ABB. 4:
KUMULATIVE EMISSIONEN UND ERDERWÄRMUNG

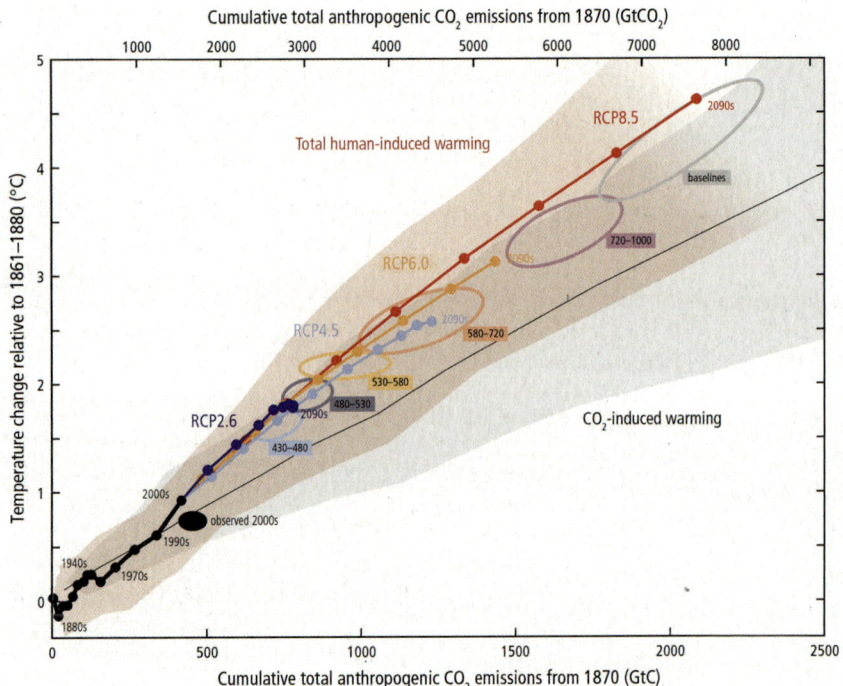

Quelle: IPCC 2014

Diese Eigenschaft des Klimasystems lässt sich in ein Budgetprinzip übersetzen. Jedem Ziel zur Begrenzung der Erderwärmung kann eine Gesamtmenge an „zulässigen" Emissionen zugeordnet werden, die im Laufe der Zeit emittiert werden können. Die Rechnungen beziehen sich dabei auf Kohlendioxid als wichtigstes Treibhausgas. Für andere Treibhausgase werden ergänzende Annahmen getroffen. Entscheidend für die Begrenzung des Klimawandels sind also nicht die Emissionen zu einem gewissen Zeitpunkt – beispielsweise 2020 oder 2025 –, sondern die kumulierte Menge im Zeitverlauf, das Integral unter der Emissionskurve. Diese Tatsache ist bei der folgenden Analyse der Inhalte des Übereinkommens von Paris relevant, insbesondere mit Blick auf mögliche Strategien zur Einhegung des Klimawandels.

Klimapolitische Rahmenbedingungen

3

**3.1
Die Klima-
rahmen-
konvention
der Vereinten
Nationen**

Die Klimarahmenkonvention der Vereinten Nationen UNFCCC (United Nations Framework Convention on Climate Change) bildet die völkerrechtliche Grundlage für internationalen Klimaschutz. Sie wurde auf der als Erdgipfel bekannt gewordenen, wegweisenden Konferenz der Vereinten Nationen über Umwelt und Entwicklung im Jahr 1992 in Rio de Janeiro vereinbart und trat 1994 in Kraft. Das konstitutive Ziel der Klimarahmenkonvention, dargelegt in Artikel 2, ist

„(…) die Stabilisierung der Treibhausgaskonzentrationen in der Atmosphäre auf einem Niveau zu erreichen, auf dem eine gefährliche anthropogene Störung des Klimasystems verhindert wird. Ein solches Niveau sollte innerhalb eines Zeitraums erreicht werden, der ausreicht, damit sich die Ökosysteme auf natürliche Weise den Klimaänderungen anpassen können, die Nahrungsmittelerzeugung nicht bedroht wird und die wirtschaftliche Entwicklung auf nachhaltige Weise fortgeführt werden kann" (UNFCCC 1992, S. 4).

Es ist also ein Umweltziel – die Vermeidung gefährlichen menschgemachten Klimawandels –, das beim internationalen Klimaschutz im Vordergrund steht. Allerdings wurde dieses Ziel zum Zeitpunkt der Verhandlungen der Klimarahmenkonvention in den frühen 1990er Jahren nicht trennscharf formuliert, sondern lässt einen beträchtlichen Interpretationsspielraum zu. Die Gründe waren einerseits politisch, da ein Konsens über konkrete Schwellenwerte für gefährlichen Klimawandel nicht bestand. Andererseits erschwert die Komplexität der für den Klimawandel relevanten geophysikalischen Prozesse eine derartige Grenzsetzung (vgl. Klingenfeld 2012a). Große politische Kraftanstrengungen waren in der Folge erforderlich, um das Umweltziel zu schärfen, informiert durch einen immer umfassenderen wissenschaftlichen Sachstand zu Klimafolgen, Emissionsminderungs- und Anpassungsstrategien. Tatsächlich dauerte es bis 2015, ehe mit dem Übereinkommen von Paris ein völkerrechtlich verbindliches Umweltziel beschlossen wurde, das Artikel 2 der Klimarahmenkonvention präzisiert und inhaltlich füllt: Begrenzung des Anstiegs der globalen Mitteltemperatur auf deutlich unter 2°C über dem vorindustriellen Niveau und Anstrengungen, um den Temperaturanstieg auf 1,5°C zu limitieren. Die Bedeutung dieser Zielsetzung für praktischen Klimaschutz wird in den folgenden Kapiteln ausführlich erläutert.

Zum besseren Verständnis dieses langwierigen Aushandlungsprozesses ist es zunächst notwendig, die Struktur der Klimarahmenkonvention zu analysieren. Nahezu alle Staaten der Welt sind der Konvention beigetreten (derzeit 196 sowie die Europäische Union). Diese außerordentlich breite Mitgliedschaft geht einher mit einer doch schwachen Bindungswirkung. So entfaltet die UNFCCC keine rechtlichen Verpflichtungen und setzt auch keine Beschränkungen hinsichtlich der Emissionen von Treibhausgasen. Allerdings definiert der Vertragstext Grundprinzipien für Verantwortungsübernahme: Länder sollen Maßnahmen in Anlehnung an ihren bisherigen Beitrag zum Klimawandel sowie ihre relativen Fähigkeiten umsetzen. Dabei sollen entwickelte Länder eine Vorreiterrolle übernehmen. Wenngleich alle Länder aufgerufen sind, den Klimawandel zu bekämpfen, bleibt diese Verpflichtung für Entwicklungsländer eher vage und abhängig von der Unterstützung durch entwickelte Länder. Tatsächlich teilt die Klimarahmenkonvention die Welt in zwei Lager: die der entwickelten Länder, die im sogenannten Annex I gelistet sind, und die Entwicklungsländer, die nicht gesondert aufgeführt sind. Dabei spiegelt diese Zweiteilung lediglich eine Momentaufnahme des relativen Entwicklungsstands und der wirtschaftlichen Leistungsfähigkeit vom Anfang der 1990er Jahre. Die in der Folge höchst dynamische Entwicklung in vielen Teilen der Welt, nicht zuletzt der Aufschwung Chinas, bleibt dabei unberücksichtigt.

Diese Grundstruktur begründet das sogenannte Prinzip der gemeinsamen aber unterschiedlichen Verantwortung CBDR (common but differentiated responsibility), das konstitutiv für die Klimaverhandlungen in den Folgejahren war, und zu einem guten Teil auch für das Übereinkommen von Paris und darüber hinaus noch ist. Aufbauend auf und ausgehend von der Klimarahmenkonvention sind jährlich stattfindende Konferenzen der Vertragsstaaten COPs (conferences of the parties) das wichtigste Verhandlungsforum, um Klimaschutz auf multilateraler Ebene voranzubringen. Zwischen der COP 1 in Berlin im Jahr 1995 und dem Beschluss des Übereinkommens von Paris auf der COP 21 stehen 20 Jahre internationale Klimadiplomatie. Dabei war die Stoßrichtung zunächst, Protokolle als bindende internationale Verträge zu verhandeln, um die Prinzipien der Klimarahmenkonvention zu konkretisieren und mit Instrumenten des Völkerrechts zu unterlegen.

3.2
Das Kyoto-Protokoll

Auf der COP 3 in Kyoto wurde 1997 mit dem Kyoto-Protokoll das erste rechtlich bindende Regelwerk beschlossen. Im Kyoto-Protokoll wurden Emissionsminderungsziele (sogenannte targets and timetables) für eine Reihe von Staaten festgelegt, die weitgehend der Gruppe der Annex-I-Länder der Klimarahmenkonvention entsprechen (sogenannter Annex B des Kyoto-Protokolls). Diese Zielvorgaben galten für eine erste Verpflichtungsperiode im Zeitraum von 2008-2012. Mit dem Beitritt der Russischen Föderation zum Kyoto-Protokoll und der damit verbundenen Erfüllung von zwei vorab festgelegten Schwellenwerten (mindestens 55 Vertragsparteien, die zusammen mindestens 55 Prozent der globalen Treibhausgasemissionen ausmachen) konnte das Vertragswerk im Jahr 2005 in Kraft treten. Die Emissionsminderungsziele für die erste Verpflichtungsperiode reichten von -8 Prozent für die EU-15 sowie für eine Reihe mittel- und osteuropäischer Länder bis +10 Prozent für Island, wo ein deutlich höheres Emissionswachstum erwartet worden war. Zusammengenommen summierten sich die geplanten Emissionsminderungen der Annex-B-Länder auf -5,1 Prozent – im Wesentlichen bezogen auf das Basisjahr 1990.

In der Rückschau und im Ergebnis lässt sich feststellen, dass die im Kyoto-Protokoll festgelegten Ziele übertroffen wurden und dies vordergründig wie ein Erfolg erscheint. Tatsächlich sanken die Emissionen der betreffenden Staatengruppe um beinahe 12 Prozent im Zeitraum 2008-2012 (Shishlov et al. 2015). Sicher ist dies auch auf aktive klimapolitische Maßnahmen in einer Reihe von Vertragsstaaten zurückzuführen, nicht zuletzt in der Europäischen Union, wo auf Basis der Verpflichtungen aus dem Kyoto-Protokoll wichtige Politikinstrumente, wie das Europäische Emissionshandelssystem EU ETS (EU Emissions Trading System), eingeführt wurden. Allerdings wurde der Löwenanteil des Emissionsrückgangs durch den Niedergang großer Teile der Industrie in Mittel- und Osteuropa erreicht, ohne dass Klimapolitik hierfür ursächlich gewesen wäre. Darüber hinaus trüben zwei weitere Makel das Gesamtbild: Bereits kurz nach dem Inkrafttreten des Kyoto-Protokolls verabschiedete der Senat der Vereinigten Staaten von Amerika eine Resolution (sogenannte Byrd-Hagel-Resolution), die eine Ratifizierung des Vertragswerks einstimmig ablehnte. Hintergrund waren befürchtete Wettbewerbsnachteile gegenüber Konkurrenten wie China, die als Nicht-Annex-I-Länder der Klimarahmenkonvention keine bindenden Verpflichtungen eingegangen waren. Außerdem beendete Kanada seine Mitgliedschaft im Kyoto-Protokoll 2012, da es die verhandelten Minderungsziele nicht eingehalten hätte mit entsprechenden finanziellen Konsequenzen.

Im Ergebnis liegen Licht und Schatten also dicht beieinander: Klimaschutzmaßnahmen in Teilen der Welt und regionale Emissionsminderungen, aber auch lückenhafte Beteiligung und deutliche Zunahme des Treibhausgasausstoßes in Schlüsselländern wie den USA. Das Hauptproblem zeichnet sich allerdings bei einer globalen Betrachtungsweise ab. So sind die weltweiten Treibhausgasemissionen in der ersten Dekade des 21. Jahrhunderts weiter angestiegen – und dies mit jährlich durchschnittlich 2,2 Prozent deutlich schneller als im Zeitraum 1970-2000, in dem das Wachstum im Mittel bei 1,3 Prozent lag (IPCC 2014). Wesentliche Treiber dieser Entwicklung waren

- hohe Wachstumsraten der Weltwirtschaft,
- fortgesetztes Bevölkerungswachstum und
- entgegen dem langjährigen Trend eine Zunahme der Kohlenstoffintensität in der Energieversorgung durch eine rasante Expansion der Kohleverstromung.

Insbesondere der wirtschaftliche Aufstieg Chinas, getrieben durch die neue Rolle des Landes als Werkbank der Welt, aber auch Entwicklungen in anderen Ländern, vor allem in Asien, haben diese Dynamik ausgelöst.

**3.3
Die Übereinkunft von Kopenhagen**

Um gefährlichen Klimawandel zu vermeiden und den Zielen der Klimarahmenkonvention zu entsprechen, konnte das Kyoto-Protokoll nur ein erster Schritt sein. Parallel zu dessen Umsetzung strebte die internationale Klimadiplomatie die Entwicklung eines Folgeabkommens an, das auf der 15. Vertragsstaatenkonferenz (COP 15) in Kopenhagen 2009 angenommen werden sollte. Die großen in sie gesetzten Erwartungen konnte die Konferenz nicht erfüllen, ein Folgeabkommen wurde nicht beschlossen. Lediglich eine rechtlich nicht bindende Übereinkunft (Copenhagen Accord) wurde von den Delegierten zur Kenntnis genommen. Insbesondere das Bestreben der Europäischen Union, eine entlang der Prinzipien des Kyoto-Protokolls weiterentwickelte Klimaschutzarchitektur mit rechtlich verbindlichen und sanktionsbewehrten Emissionsminderungszielen für alle großen Emittentenländer zu entwickeln, scheiterte am Widerstand einflussreicher Akteure wie China und den USA.

Die Hintergründe sind vielschichtig, doch lassen sich zwei grundsätzliche Konfliktlinien ausmachen: zum einen eine tendenziell ablehnende Haltung gegenüber starken supranationalen Institutionen im Sinne einer Global Governance und damit einhergehender Beschränkung der nationalen Souveränität; zum anderen insbesondere seitens Chinas und anderer Nicht-Annex-I-Länder das Beharren auf dem Prinzip der gemeinsamen aber unterschiedlichen Verantwortung. Letzteres vor allem mit Betonung auf eine unterschiedliche Behandlung der zwei in der Klimarahmenkonvention definierten Ländergruppen und der Ablehnung der Übernahme eigener verbindlicher Emissionsminderungsziele.

Die Übereinkunft von Kopenhagen spiegelt diese machtpolitischen Konstellationen wider und weicht deutlich vom Modell des Kyoto-Protokolls ab. Die gefundenen Kompromisslinien haben sechs Jahre später auch das Pariser Klimaabkommen inhaltlich wesentlich geprägt. So sieht der Copenhagen Accord keine gemeinsam vereinbarten, verbindlichen Ziele und Maßnahmen vor, sondern basiert auf freiwilligen Beiträgen der Nationalstaaten, dem sogenannten pledge and review-Prinzip. Allerdings bekennen sich die Staaten gemeinsam zu einem konkreten Umweltziel, das sie mit ihren kumulativen Beiträgen anstreben. So soll der Anstieg der globalen Mitteltemperatur auf unter 2°C begrenzt werden. Die Nennung eines konkreten, globalen Schwellenwertes war tatsächlich ein wichtiger Fortschritt, um Artikel 2 der Klimarahmenkonvention zu präzisieren und gleichzeitig eine Wegmarke hin zum Übereinkommen von Paris, in dem das globale Umweltziel nochmals geschärft wurde. Um entsprechende Fortschritte auf diesem Weg zu machen und insbesondere Entwicklungsländer zu befähigen, ambitioniertere Klimaschutzmaßnahmen umzusetzen, wurden in der Übereinkunft von Kopenhagen umfangreiche Finanztransfers in Aussicht gestellt: 30 Milliarden US-Dollar für den Zeitraum 2010-2012 und ab 2020 100 Milliarden US-Dollar jährlich. Die Umsetzung dieser Ankündigungen bleibt jedoch sehr lückenhaft, was auch die Analyse des Pariser Klimaabkommens zeigen wird.

3.4 Von Kopenhagen nach Paris

Nach der großen Ernüchterung in Kopenhagen 2009 kein Nachfolgeabkommen des Kyoto-Protokolls beschlossen zu haben, dienten die internationalen Klimakonferenzen in den Folgejahren dazu, eine Brücke zu bauen, die letztlich im Übereinkommen von Paris im Jahr 2015 münden sollte. Die Stationen auf diesem Weg hießen im Jahresrhythmus Cancún, Durban, Doha, Warschau und Lima. Die COP 16 in Cancún 2010 war wesentlich, um die schwierige Situation hinsichtlich der lediglich zur Kenntnis genommenen Abschlusserklärung des Kopenhagener Klimagipfels zu klären. Die gefassten Beschlüsse bekräftigten die 2°C-Temperaturleitplanke und etablierten konkrete Instrumente zur Emissionsminderung vor allem in Entwicklungsländern: den Grünen Klimafonds GCF (Green Climate Fund) zur Unterstützung von Klimaschutzprojekten und Programmen zur Emissionsreduktion und Anpassung sowie Anschubfinanzierung (fast-start finance) für den Zeitraum 2010-2012. Noch wichtiger auf dem Weg „nach Paris" waren die im Folgejahr gefassten Beschlüsse auf der COP 17 in Durban. Hier wurde ein Fahrplan verabschiedet zur Erarbeitung eines umfassenden Abkommens bis 2015, mit geplantem Inkrafttreten 2020. Der angestrebte rechtliche Status sowie die Wahl der politischen Instrumente blieben gleichwohl weiteren Verhandlungen vorbehalten. Die COP 18 in Doha bleibt für die eher symbolische Einigung auf eine zweite Verpflichtungsperiode des Kyoto-Protokolls von 2013-2020 als Überbrückung in Erinnerung, mit einem deutlich geschrumpften Teilnehmerkreis. Weitere Themen waren die Finanzierung von klimabedingten Schäden und Verlusten vor allem in armen Ländern sowie die Kapitalisierung des grünen Klimafonds, die auch die Folgekonferenzen in Warschau und Lima beschäftigen sollten. COP 20 in Peru diente denn auch als letzte große Vorbereitungskonferenz für das in Paris auf der COP 21 angestrebte umfassende Abkommen. Auch wenn wichtige Themen angegangen wurden, wie z.B. die Bekräftigung der 2°C-Temperaturleitplanke und ein Fahrplan zur Vorlage nationaler Klimaschutzbeiträge, brauchte es das große Geschick der französischen Klimadiplomatie in Vorbereitung des Pariser Gipfels sowie breite internationale politische Unterstützung, um diesen Weg 2015 zum Erfolg führen zu können.

Wesentliche Inhalte des Übereinkommens von Paris

4

1. AUSGANGSLAGE
2. KERNPUNKTE DES VERTRAGSTEXTES

4.1
Ausgangslage

Zum Verständnis der Ausgangslage im Vorfeld des Pariser Klimagipfels ist es wesentlich, sich die großen Unterschiede zu verdeutlichen, die im Zusammenhang mit Treibhausgasemissionen bestehen. Dabei sind zwei Metriken von besonderer Bedeutung: die jährlichen Gesamtemissionen eines jeden Landes sowie die rechnerischen Pro-Kopf-Emissionen mit Bezug zur Einwohnerzahl. In beiden Betrachtungsweisen zeigen sich sehr große Unterschiede weltweit, die in einer internationalen Klimaschutzarchitektur Berücksichtigung finden müssen.

Nimmt man den Ausstoß von Kohlendioxid als wichtigstes menschgemachtes Treibhausgas in den Blick, steht, was die nationalen Emissionen angeht, China mit deutlichem Abstand an der Spitze (vgl. EDGAR 2019): Von den rund 35,6 Milliarden Tonnen Kohlendioxidemissionen 2015 weltweit entfallen rund 10,5 Milliarden Tonnen und damit fast 30 Prozent auf das Reich der Mitte. Die USA folgen mit ca. 5,1 Milliarden Tonnen und die Staatengruppe der Europäischen Union mit etwa 3,4 Milliarden Tonnen CO_2. Die USA hat damit einen Anteil am weltweiten Ausstoß von etwa 14 Prozent und die Europäische Union knapp unter 10 Prozent. Auf den weiteren Plätzen folgen Indien, Russland und Japan, danach Deutschland mit Kohlendioxidemissionen von 766 Millionen Tonnen im Jahr 2015, die rund zwei Prozent des weltweiten Ausstoßes entsprechen. Kanada, Iran und Südkorea komplettieren die Liste der zehn größten Verursacherländer (ebd.). Die Aufzählung zeigt exemplarisch, dass sowohl traditionelle Industrieländer vertreten sind, wie beispielsweise die USA, die unter den Annex I der Klimarahmenkonvention fallen, als auch Nicht-Annex-I-Länder, wie beispielsweise China oder Indien.

Sicher sind die Zahlen aus dem Jahr 2015 nur eine Momentaufnahme, die nicht offenlegt, dass seit Beginn der Industrialisierung die OECD-Länder (Organisation for Economic Co-operation and Development) überproportional für Treibhausgasemissionen und Klimawandel verantwortlich sind. Allerdings ist es für die künftige Einhegung des Klimawandels eine notwendige Bedingung, dass die Emissionen möglichst rasch weltweit sinken – auch bei noch „jüngeren" Schwergewichten wie China. Das Abkommen von Paris muss demnach das Spannungsfeld zwischen den Erfordernissen der Klimaphysik bei der Vermeidung gefährlichen Klimawandels einerseits und dem Prinzip der gemeinsamen aber unterschiedlichen Verantwortung andererseits navigieren, die beide in der Klimarahmenkonvention angelegt sind.

Um für beide Aspekte ein genaueres Bild zu bekommen, ist es sinnvoll, auch die Pro-Kopf-Emissionen zu betrachten. Im Falle von Deutschland relativiert sich beispielsweise der auf den ersten Blick überschaubare Beitrag von rund zwei Prozent zu den globalen Kohlendioxidemissionen 2015 (vgl. EDGAR 2019): So lagen im gleichen Jahr die durchschnittlichen Pro-Kopf-Emissionen weltweit bei 4,9 Tonnen CO_2. Der Wert für Deutschland ist mit rund 9,4 Tonnen CO_2 pro Kopf jedoch fast doppelt so hoch wie im Weltdurchschnitt. Noch prägnanter fällt der Vergleich zwischen den USA und Indien aus. Die Kohlendioxidemissionen pro Kopf für 2015 belaufen sich für die Vereinigten Staaten auf 16 Tonnen und liegen im bald bevölkerungsreichsten Land der Erde bei unter 2 Tonnen (ebd.).

Das Übereinkommen von Paris zielt darauf ab, Wege zu finden, diese großen Unterschiede zu berücksichtigen und dennoch ein gemeinsames Vorgehen beim Klimaschutz zu ermöglichen. Das Abkommen wurde nach langem diplomatischen Ringen als Ergebnis der 21.

Vertragsstaatenkonferenz (COP 21) der Klimarahmenkonvention am späten Abend des 12. Dezember 2015 in Paris beschlossen.

Die Originalfassung auf Englisch sowie offizielle Übersetzungen sind frei verfügbar (z.B. EUR-Lex 2019). Das Übereinkommen von Paris beginnt mit einer **Präambel**, die die darauffolgenden 29 Artikel in einen Gesamtzusammenhang stellt. Wesentliche Inhalte der Präambel sind dabei mit Rückbezug auf die Klimarahmenkonvention das dort verankerte Prinzip der gemeinsamen aber unterschiedlichen Verantwortlichkeiten, das die Bekämpfung des Klimawandels insbesondere in Entwicklungsländern in den Kontext von Armutsbekämpfung stellt. Dabei sollen normative Prinzipien, wie der an verschiedenen Stellen eingeforderte Grundsatz der Gerechtigkeit, in den Handlungsfeldern Klimaschutz, nachhaltige Entwicklung, Berücksichtigung von Schutzbedürftigen und der fairen Lastenteilung zwischen den Generationen gelten. Den Themen Ernährungssicherheit und Beendigung des Hungers wird ebenso eine besondere Priorität eingeräumt, wobei sowohl mögliche Auswirkungen von Emissionsminderungsmaßnahmen, als auch Schäden durch Klimafolgen Berücksichtigung finden sollen. Entscheidend für ein effektives, weltweites Vorgehen gegen gefährlichen Klimawandel ist die Einbeziehung der „besten verfügbaren wissenschaftlichen Erkenntnisse". Weiterhin wird die Bedeutung von Kohlenstoffsenken und -speichern betont, die Integrität aller Ökosysteme und der Schutz der biologischen Vielfalt. Zusammenfassend werden in der Präambel also die beträchtlichen Entwicklungsunterschiede gewürdigt, die eine differenzierte Lösungsstrategie bedingen, gleichwohl aber auf fester wissenschaftlicher Basis und mit einem ganzheitlichen, ökosystemaren Ansatz.

Zentral für die Umsetzung des Abkommens ist dabei ein gemeinsames Umweltziel der Staatengemeinschaft in Konkretisierung von Artikel 2 der Klimarahmenkonvention. Dieses Ziel, das im Rahmen der Ratifizierung des Übereinkommens von Paris völkerrechtlichen Status erlangt hat, bildet die Basis für Klimaschutzmaßnahmen weltweit. Im Wortlaut der deutschen Fassung des Paris Agreement heißt es dort in **Artikel 2**:

„(1) Dieses Übereinkommen zielt darauf ab, durch Verbesserung der Durchführung des Rahmenübereinkommens einschließlich seines Zieles die weltweite Reaktion auf die Bedrohung durch Klimaänderungen im Zusammenhang mit nachhaltiger Entwicklung und den Bemühungen zur Beseitigung der Armut zu verstärken, indem unter anderem

a) der Anstieg der durchschnittlichen Erdtemperatur deutlich unter 2 °C über dem vorindustriellen Niveau gehalten wird und Anstrengungen unternommen werden, um den Temperaturanstieg auf

1,5 °C über dem vorindustriellen Niveau zu begrenzen, da erkannt wurde, dass dies die Risiken und Auswirkungen der Klimaänderungen erheblich verringern würde;

b) die Fähigkeit zur Anpassung an die nachteiligen Auswirkungen der Klimaänderungen erhöht und die Widerstandsfähigkeit gegenüber Klimaänderungen sowie eine hinsichtlich der Treibhausgase emissionsarme Entwicklung so gefördert wird, dass die Nahrungsmittelerzeugung nicht bedroht wird;

c) die Finanzmittelflüsse in Einklang gebracht werden mit einem Weg hin zu einer hinsichtlich der Treibhausgase emissionsarmen und gegenüber Klimaänderungen widerstandsfähigen Entwicklung.

(2) Dieses Übereinkommen wird als Ausdruck der Gerechtigkeit und des Grundsatzes der gemeinsamen, aber unterschiedlichen Verantwortlichkeiten und jeweiligen Fähigkeiten angesichts der unterschiedlichen nationalen Gegebenheiten durchgeführt" (EUR-Lex 2019).

Gemeinschaftlich verpflichten sich die Unterzeichnerländer also, den Anstieg der globalen Mitteltemperatur in einem engen Korridor zwischen 1,5°C und deutlich unter 2°C zu begrenzen, wobei gegenüber dem vorindustriellen Niveau bereits ein Anstieg um rund 1°C gemessen wurde. Darüber hinaus ist, wie erläutert wurde, durch die Trägheit des Klimasystems sowie durch Aerosole in der Atmosphäre, die die Erwärmung kurzfristig bremsen, ein zusätzlicher Temperaturanstieg von einigen Zehntelgrad bereits angelegt. Das Fenster zum Handeln ist dementsprechend klein und der Handlungsdruck zum Erreichen des globalen Umweltziels hoch.

Die Anforderungen an Emissionsminderungen weltweit im Lichte des Pariser Klimaabkommens lassen sich in ein CO_2-Budget übersetzen, wie in der Analyse der klimawissenschaftlichen Rahmenbedingungen ausgeführt wurde. Aktuelle Zahlen liefert zum Beispiel die „CO_2-Uhr" des Mercator Research Institute on Global Commons and Climate Change (MCC). Ausgehend von den Ergebnissen des Sonderberichts des Weltklimarates vom Oktober 2018 über 1,5°C globale Erwärmung werden zwei Szenarien abgebildet, die die Bandbreite der Beschlüsse zum Klimaziel spiegeln: Um die globale Erwärmung auf 2°C zu begrenzen, steht der Menschheit ein verbleibendes Kohlenstoffbudget von rund 1087 Milliarden Tonnen CO_2 zur Verfügung (MCC 2019, Stand Dezember). Um das Temperaturziel von 1,5°C am unteren Ende des Korridors aus dem Pariser Klimaabkommen einzuhalten, verringert sich das globale Kohlenstoffbudget deutlich auf rund 337 Milliarden Tonnen CO_2 (ebd.). Bezogen auf den weltweiten CO_2-Ausstoß in 2017 verblieben noch rund 26 Jahre bei konstanten Emissionen zur Begrenzung des Temperaturanstiegs auf 2°C. Für das Erreichen des 1,5°C-Ziels wären es lediglich noch etwa acht Jahre –

wobei die globalen Treibhausgasemissionen ihren Scheitelpunkt noch nicht einmal erreicht haben (ebd.). Die konkreten Möglichkeiten für die Staatengemeinschaft, die Erderwärmung in diesem Korridor zu begrenzen sowie deren praktische Umsetzung, werden genauer im folgenden Kapitel zur Umsetzung des Paris Agreement erörtert.

Neben der wegweisenden Festlegung eines globalen Umweltzieles oder genauer Umweltzielkorridors, werden weitere Zieldimensionen benannt, darunter die Anpassung an die klimatischen Veränderungen sowie emissionsarme Entwicklung, die die Nahrungsmittelversorgung sichert. Hier werden implizit mögliche Zielkonflikte einer Ausweitung der Bioenergienutzung angesprochen, die in Emissionsminderungsstrategien berücksichtigt werden müssen. Weiterhin wird im Vertragstext die Rolle von kohärenten Finanzmittelflüssen betont. Der letzte Absatz von Artikel 2 stellt diesen Zielkanon in einen größeren normativen Kontext, der allerdings auch Unschärfen zulässt. Gerechtigkeit soll die Umsetzung des Abkommens leiten und dabei der aus der Klimarahmenkonvention entlehnte, nicht unproblematische Grundsatz

„der gemeinsamen, aber unterschiedlichen Verantwortlichkeiten und jeweiligen Fähigkeiten angesichts der unterschiedlichen nationalen Gegebenheiten" (EUR-Lex 2019).

Das Übereinkommen von Paris nennt in **Artikel 3** das Hauptinstrument zur Erreichung des gemeinsamen Umweltziels: ehrgeizige Anstrengungen in Form von national festgelegten Beiträgen NDCs (nationally-determined contributions), die die Vertragsstaaten in regelmäßigen Abständen an das Sekretariat der Klimarahmenkonvention als Berichtpflicht übermitteln. Zum Zeitpunkt des Beschlusses des Abkommens im Dezember 2015 war bereits deutlich, dass die damaligen (und auch derzeitigen) Klimaschutzmaßnahmen nicht ausreichen würden. Ein Grundprinzip des Abkommens ist daher eine bereits in Artikel 3 erwähnte notwendige Steigerung des Ambitionsniveaus über die Zeit, bei gleichzeitiger Unterstützung von Entwicklungsländern, sich wirksam an dieser gemeinsamen Aufgabe zu beteiligen.

Das Übereinkommen von Paris folgt mit dem Instrument der NDCs als national festgelegte Beiträge der Architektur des Copenhagen Accord mit dem sogenannten pledge and review-Prinzip. Anders als bei den rechtlich verbindlichen Verpflichtungen aus dem Kyoto-Protokoll (sogenannte Ziele und Fahrpläne – targets and timetables) handelt es sich um weitgehend unverbindliche Klimaschutzpläne, die auf nationalstaatlicher Ebene formuliert, entschieden und umgesetzt werden. Die so im Pariser Abkommen verankerte Struktur, die dem Konsensprinzip in den Klimaverhandlungen geschuldet ist, da striktere Mechanismen realpolitisch nicht durchsetzbar waren, bringt gewisse

Nachteile mit sich: National festgelegte Beiträge sind die schwächste Form der Bindung. Ohne rechtliche Verpflichtungen zur Umsetzung ergibt sich keine Bindungswirkung aus dem Abkommen selbst. Darüber hinaus gibt es keinen Koordinierungsmechanismus „von oben" (top-down), mit dem sich die Temperaturleitplanke und damit einhergehend das begrenzte globale Emissionsbudget in Einzelverpflichtungen für die Vertragsstaaten übersetzen ließe. Diesen gewichtigen Nachteilen stehen aber auch positive Aspekte gegenüber: Das Instrument der NDCs bietet maximale Flexibilität sowohl in der Wahl der Schwerpunkte für Klimaschutzanstrengungen als auch der Instrumente zur Umsetzung. So lassen sich verschiedene Maßnahmen und Indikatoren kombinieren, nicht nur Emissionsminderungspläne, wie noch im Kyoto-Protokoll festgeschrieben, sondern beispielsweise auch Forschungs- und Innovationsstrategien, um Klimaschutz in einzelnen Sektoren günstiger zu machen und Nutzen über das eigene Staatsgebiet hinaus zu schaffen. Weiterhin bleibt es den Staaten überlassen, neben der Reduzierung fossiler Kohlendioxidemissionen Schwerpunkte in anderen Bereichen zu setzen, in denen die lokalen Emissionsminderungspotenziale hoch sind, beispielsweise bei der Landnutzung. Ohne einen drohenden Sanktionsmechanismus ist es zudem möglich, ambitioniertere Ziele zu wählen und höhere Risiken einzugehen, als dies in einer starren Verpflichtungsarchitektur angezeigt wäre.

Artikel 4 des Übereinkommens beschreibt detaillierter den Mechanismus der NDCs und ihr Zusammenwirken global. Ziel ist es, den weltweiten Scheitelpunkt von Treibhausgasemissionen so bald als möglich zu erreichen und danach deutliche Emissionsminderungen herbeizuführen, auf der Basis wissenschaftlicher Erkenntnisse im Lichte des globalen Umweltziels. In der darauffolgenden Phase soll „in der zweiten Hälfte dieses Jahrhunderts" Kohlenstoffneutralität erreicht werden und noch verbliebene Emissionen durch Senken ausgeglichen werden. Tatsächlich bleibt das Übereinkommen hinsichtlich des zeitlichen Ablaufs an dieser Stelle vage, doch hat die Wissenschaft klare Antworten zu möglichen globalen Emissionspfaden geliefert, wie im Kapitel zur Umsetzung des Paris Agreement noch erläutert werden wird.

Die national festgelegten Beiträge werden in regelmäßigen Abständen von fünf Jahren an das Sekretariat der Klimarahmenkonvention übermittelt, wobei die Vertragsparteien innerstaatliche Maßnahmen zur Umsetzung ergreifen sollen. Obwohl das Paris Agreement keine zentrale Koordinierung der jeweiligen Anstrengungen umfasst, spezifiziert Artikel 4, dass künftige Änderungen an den NDCs nur im Sinne einer Stärkung der Ziele zulässig sind und dass bei der Formulierung von Zielen und Maßnahmen „größtmögliche Ambition" handlungsleitend sein soll. Gleichwohl eröffnet ein Verweis auf die gemeinsamen aber unterschiedlichen Verantwortlichkeiten und jeweiligen Fähigkeiten bewusst Interpretationsspielräume, um harte, rechtlich bindende Verpflichtungen zu vermeiden.

Zusätzlich zur Implementierung von NDCs wird die Entwicklung von langfristigen Strategien für eine emissionsarme Entwicklung gefordert – ebenso jedoch mit gleichlautenden Ergänzungen zu Verantwortlichkeiten und Fähigkeiten sowie auf freiwilliger Basis. Tatsächlich sind entsprechende langfristigen Pläne wesentlich, um eine Brücke von kurzfristigen Zielen und Maßnahmen hin zur angestrebten vollständigen Kohlenstoffneutralität zu schlagen. Insgesamt spiegeln diese Passagen des Artikel 4 das Ringen der Vertragsparteien um mögliche Strategien zur Emissionsminderung im Einklang mit dem globalen Umweltziel bei gleichzeitig fortbestehenden Vorbehalten gegenüber starken Verpflichtungen, gerade auch für Entwicklungs- und Schwellenländer, wider. Mehr war realpolitisch am Ende des Verhandlungsmarathons in Paris offensichtlich nicht zu erreichen. Das gewählte Format der national festgelegten Beiträge birgt allerdings zumindest die Chance, die bestehende Lücke zum Erreichen des starken globalen Umweltziels zu schließen. Die festgelegten regelmäßigen Berichtszyklen sowie die Verpflichtung für Vertragsstaaten, NDCs nur zu stärken und nicht hinter einmal gemachten Zusagen zurückzufallen, zielen in diese Richtung. Ebenso die dezidierte Möglichkeit für Vertragsstaaten, auch außerhalb dieses Turnus die eigenen Anstrengungen und Maßnahmen zur Umsetzung jederzeit zu verstärken. Entscheidend wird letztlich sein, ob es zu einer positiven Dynamik ambitionierterer Ziele und Maßnahmen auf nationalstaatlicher Ebene kommen wird (sogenanntes ratcheting up). Eine Koalition von Staaten, die stärkere Klimaschutzmaßnahmen befürwortet und willens ist, diese umzusetzen, könnte das politische Risiko für andere Staaten senken, ebenso die eigenen Anstrengungen zu verstärken und gegen Trittbrettfahrer abzusichern – und damit einen Prozess sich gegenseitig verstärkender Emissionsminderungen in Gang zu bringen.

Artikel 5 des Vertragstextes erweitert den Geltungsbereich des Abkommens auf Senken und Speicher von Treibhausgasen. Insbesondere der Schutz von Wäldern als natürliche Kohlenstoffspeicher sowie Maßnahmen zur Wiederaufforstung als biologische CO_2-Senken stehen hier im Fokus. Verwiesen wird in diesem Zusammenhang auf bestehende Leitlinien und Beschlüsse, die auf diesen Gebieten auf Basis der Klimarahmenkonvention erarbeitet wurden. Dazu gehören u.a. ökonomische Anreize sowie integrierte Bewirtschaftungskonzepte der Wälder. Wenngleich Emissionen aus der Verbrennung von fossilen Energieträgern mit rund zwei Dritteln global den größten Anteil am verstärkten Treibhauseffekt ausmachen (IPCC 2014), wird eine Klimastabilisierung im Sinne des Pariser Abkommens „deutlich unter 2°C" angesichts eines engen Budgetrahmens für weitere Treibhausgasemissionen nicht ohne effektiven Schutz der natürlichen Kohlenstoffsenken und -speicher gelingen (Rockström et al. 2017).

Dem folgenden Artikel des Übereinkommens – **Artikel 6** – wird in der weiteren Umsetzung absehbar noch große Bedeutung beikommen. Er formuliert Leitlinien für die Zusammenarbeit von Staaten beim gemeinsamen Erreichen von Emissionsminderungszielen. Obgleich das Instrument der NDCs – nomen est omen – zunächst auf die Umsetzung der gesetzten Ziele innerhalb der Ländergrenzen bezogen ist, erweitern die Regelungen in diesem Artikel den Handlungsspielraum für kooperatives Handeln von Staatengruppen. Dies geschieht mit Blick darauf, dass gemeinsame Emissionsminderungsstrategien es erlauben können, ambitioniertere Ziele zu geringeren Kosten zu erreichen, als dies bei rein nationalstaatlichem Handeln möglich wäre. Grundidee derartiger Kooperationen ist, dass die Kosten für Emissionsminderungen in verschiedenen Teilen der Welt höchst unterschiedlich ausfallen können. Deutliche Unterschiede bei Energiepreisen sowie politischen Maßnahmen für mehr Energieeffizienz und Klimaschutz in der Vergangenheit, aber auch natürliche Faktoren, wie das Angebot an erneuerbaren Energien in den Bereichen Sonne, Wind, Wasser und Biomasse, führen zu beträchtlichen Differenzen bei Kosten und Minderungspotenzialen in der Zukunft. Gemeinsame, länderübergreifende Strategien können diese Potenziale heben helfen und mehr Klimaschutz ermöglichen. Vor allem geht es in diesem Zusammenhang um länderübergreifende Ansätze zur Bepreisung von CO_2, z.B. im Rahmen von Emissionshandelssystemen (vgl. Edenhofer und Jakob 2019; Klingenfeld 2012b). Artikel 6 verklausuliert diese als „international übertragene Minderungsergebnisse" oder ITMOs (internationally transferred mitigation outcomes). Darüber hinaus wird ein zusätzlicher Mechanismus innerhalb des Übereinkommens verankert, der Parallelen zum Mechanismus für umweltverträgliche Entwicklung CDM (Clean Development Mechanism) des Kyoto-Protokolls aufweist, bisher jedoch keine Konkretisierung erfahren hat.

Das Übereinkommen von Paris definiert zu diesen sogenannten marktbasierten Mechanismen keine Detailregelungen – diese werden gesondert verhandelt –, sondern legt einige grundlegende Prinzipien fest: in erster Linie Umweltintegrität mit dem Ziel zusätzlicher Emissionsminderungen, damit in Zusammenhang stehende Vermeidung von Doppelzählungen von Klimaschutzmaßnahmen, Transparenz und Förderung von nachhaltiger Entwicklung.

Schließlich eröffnet Artikel 6 auch die Möglichkeit der Zusammenarbeit von Staaten im Kontext von nicht-marktbasierten Mechanismen, für die ein eigener Rahmen geschaffen werden soll. Insbesondere einige Länder Südamerikas hatten sich für die Schaffung kooperativer Strukturen jenseits von Marktbeziehungen stark gemacht. Die Ausgestaltung bleibt indes offen.

Artikel 7 ist der Anpassung an den Klimawandel gewidmet, dem zweiten großen Handlungsfeld neben der Minderung von Treibhausgasemissionen. Beide sind jedoch eng miteinander verwoben. Explizit Bezug genommen wird auf das in Artikel 2 dargelegte Umweltziel der Begrenzung des Anstiegs der Mitteltemperatur auf deutlich unter 2°C als Rahmen für Anpassungsmaßnahmen. Diese sollen also erfolgreiche Klimapolitik ergänzen und stellen kein Substitut für unterlassene Emissionsminderungen dar. Gleichwohl stellt der Vertragstext klar, dass zusätzliche Emissionsminderungen (mit Blick auf eine Stabilisierung in Richtung 1,5°C Erwärmung) den Anpassungsbedarf verringern. Generell wird ein sehr breiter Ansatz verfolgt, der die Stärkung der Widerstandsfähigkeit und Förderung nachhaltiger Entwicklung umfasst und besonders verletzliche und schutzbedürftige Personengruppen bei der Planung und Umsetzung von Anpassungsmaßnahmen hervorhebt. Daneben wird die Notwendigkeit von internationaler Zusammenarbeit zur Unterstützung von ärmeren, besonders verwundbaren Ländern betont, mit Bezug zu einem bereits bestehenden Anpassungsrahmen. Für die praktische Umsetzung besonders wichtig ist die Erstellung von Anpassungsplänen und deren Durchführung. Starke Berichtspflichten bestehen hier jedoch nicht, lediglich die Möglichkeit zur Eintragung von sogenannten Anpassungsmitteilungen in ein vom Sekretariat geführtes öffentliches Register.

Artikel 8 thematisiert das sensible Thema der Verluste und Schäden (loss and damage). Insbesondere über die Frage, ob die Klimarahmenkonvention und das darauf aufbauende Übereinkommen von Paris eine rechtliche Basis für Haftung und Kompensation bieten könne, wurde hinter den Kulissen heftig gerungen. Letztlich standen starke politische Kräfte – darunter, so wird kolportiert, auch die USA – dem entgegen und die Ausführungsvereinbarungen des Paris Agreement, die gemeinsam mit dem Vertragstext des Abkommens beschlossen wurden, verhindern eine derartige Auslegung. Was bleibt ist der Verweis in Artikel 8 auf den Internationalen Mechanismus von Warschau, der auf der 19. Vertragsstaatenkonferenz im Jahr 2013 beschlossen wurde. Das Regelwerk schafft einen Handlungsrahmen zur Zusammenarbeit und Unterstützung mit Parallelen zu den oben beschriebenen Maßnahmen auf dem Gebiet der Anpassung. Auch die Handlungsfelder, um Verluste und Schäden einzudämmen, sind eng mit der Anpassungsagenda verknüpft. Der Vertragstext nennt hier u.a. Frühwarnsysteme, Notfallvorsorge, Risikobewertung und -management sowie konkret Risikoversicherungsfazilitäten, die Bündelung von Klimarisiken und andere Versicherungslösungen. Gerade letztere können beispielsweise Kompensationszahlungen für Kleinbäuerinnen und Kleinbauern für klimabedingte Ernteausfälle ermöglichen als eine Form der wirtschaftlichen Anpassung an nicht zu vermeidende Klimafolgen. Tatsächlich muss in Zukunft beides in den Blick genommen werden: physische Anpassung in ihren verschiedensten Formen, aber auch neue Formen der ökonomischen Absicherung und Risikoteilung.

Artikel 9 des Regelwerks definiert Leitlinien für ein zentrales Thema in der Umsetzung von wirksamem Klimaschutz weltweit: die Finanzierung insbesondere von Emissionsminderungen und Anpassung, umgangssprachlich als Klimafinanzierung bekannt. Dabei tritt die „Zweiteilung der Welt" der Klimarahmenkonvention wieder deutlich zutage. Entwickelte Länder (im Sinne des Annex I von 1992) verpflichten sich, finanzielle Mittel für Entwicklungsländer zur Minderung und Anpassung bereitzustellen, für andere besteht diese Verpflichtung nicht. Allerdings wird den großen wirtschaftlichen Umwälzungen der vergangenen Dekaden dadurch Rechnung getragen, dass andere Vertragsparteien zumindest „ermutigt" werden, auf freiwilliger Basis Unterstützung zu gewähren oder fortzusetzen. Tatsächlich engagiert sich in erster Linie China seit mehreren Jahren in beträchtlichem Umfang in Projekten mit Ländern des globalen Südens, die zumindest in wesentlichen Aspekten die oben genannten Ziele befördern. Dass dieses Engagement und die Initiativen anderer wirtschaftlich starker Nicht-Annex-I-Länder im Abkommen bestärkt und gefördert werden, kann bereits als diplomatischer Erfolg gelten. Die sorgfältig austarierte Balance verschiedenster Interessen des Übereinkommens von Paris zeigt sich gleich im darauffolgenden Absatz, in dem den „entwickelten Ländern" wiederum eine Führungsrolle bei der Mobilisierung von Klimafinanzierungsmitteln zugewiesen wird. Diese können aus unterschiedlichen Quellen – also auch privaten Investitionen – stammen, wobei öffentliche Mittel eine „bedeutende Rolle" spielen sollen. Insgesamt sollen die mobilisierten Summen eine Steigerung gegenüber dem bisherigen Stand darstellen. Konkrete Summen werden im Vertragstext nicht genannt, aber die Diskussion dazu reicht mindestens bis zur Konferenz der Vertragsstaaten in Kopenhagen 2009 zurück: Dort wurde in Aussicht gestellt, ab 2020 jährlich 100 Milliarden US-Dollar aufzuwenden – auf den Folgekonferenzen wurde auf diesen Finanzierungsrahmen oftmals Bezug genommen.

Um für mehr Transparenz auf dem Gebiet der Klimafinanzierung zu sorgen, wird für alle entwickelten Länder eine Berichtspflicht geschaffen, alle zwei Jahre quantitative und qualitative Informationen zu mobilisierten Finanzmitteln zu liefern, darunter auch eine Aufschlüsselung über öffentliche Gelder. Alle anderen Vertragsparteien werden hierzu ermutigt. Als Hauptinstrument zwischen Geber- und Empfängerländern wird auf entsprechende Mechanismen unter der Klimarahmenkonvention verwiesen: Konkret geht es hier um die Globale Umweltfazilität GEF und insbesondere den Grünen Klimafonds GCF. Die grundsätzliche Frage der Lastenteilung bei der gemeinsamen Erreichung des globalen Umweltziels wird jedoch nicht weiter spezifiziert – ein Hauptkonfliktpunkt in den internationalen Verhandlungen bis heute und sicher eine der zentralen Fragen für die erfolgreiche Umsetzung des Paris Agreement, wie im folgenden Kapitel 5 noch erörtert werden wird.

Die **Artikel 10 bis 13** lassen sich thematisch gruppieren und gesammelt erörtern. Sie definieren ergänzende Rahmenbedingungen zur Zusammenarbeit bei Emissionsvermeidung und Anpassung auf den Gebieten

- Entwicklung und Weitergabe von Technologie,
- Kapazitätsaufbau,
- Bildung und öffentliches Bewusstsein sowie
- Transparenz.

Grundgedanke ist eine partnerschaftliche Zusammenarbeit zwischen entwickelten und sich entwickelnden Ländern, um Klimaschutz im globalen Maßstab voranzubringen und zu beschleunigen. In allen vier Handlungsfeldern bezieht sich das Übereinkommen von Paris auf umfangreiche Vorarbeiten auf vorangegangenen Konferenzen und meist auf bereits bestehende Regelungen. Insgesamt sind die Richtlinien in erster Linie als Appell zu verstehen und nicht mit starken Verpflichtungen unterlegt. Gleichwohl – und dies wird von Vertreterinnen und Vertretern von Entwicklungsländern ein ums andere Mal unterstrichen – fehlen oftmals notwendige Fähigkeiten und Ressourcen in diesen Bereichen, die sich in der gebotenen Geschwindigkeit nur mit Unterstützung aufbauen lassen. Hier, wie auf dem übergeordneten Gebiet der internationalen Klimafinanzierung, stellt sich also die Frage, wie das Abkommen mit Leben gefüllt und umgesetzt werden kann – ein wichtiger Faktor für Erfolg oder Misserfolg bei der Erreichung der gemeinsam gesetzten Ziele.

Dabei bildet Transparenz – wie in Artikel 13 gefordert – die Basis, um die Beiträge der Vertragsparteien auf den verschiedenen Gebieten zu erfassen und auch bewerten zu können. Transparenz einerseits nach innen hinsichtlich Treibhausgasemissionen und Senken, national festgelegten Beiträgen und Fortschritten bei deren Umsetzung, Klimafolgen und Anpassungsmaßnahmen sowie andererseits nach außen mit Bezug auf die in den Artikeln 9 bis 11 definierten Maßnahmen, namentlich Finanzierung, Weitergabe von Technologie und Kapazitätsaufbau. Die so übermittelten Informationen unterliegen einer technischen Überprüfung durch Sachverständige entsprechend der Ausführungsvorschriften des Vertragswerks.

Eine derartig verifizierte Datenbasis bildet die Grundlage für eine regelmäßige, weltweite Bestandsaufnahme (global stocktake), wie sie in **Artikel 14** festgeschrieben ist. Ziel dieser Überprüfung ist eine Bewertung, inwieweit die kollektiven Anstrengungen die Erfüllung des Zwecks des Abkommens und das Erreichen seiner langfristigen Ziele ermöglichen. 2023 wird die erste weltweite Bestandsaufnahme stattfinden, danach im regelmäßigen Turnus von fünf Jahren. Bereits 2018, drei Jahre nach der Verabschiedung des Übereinkommens von Paris, fand eine derartige Gesamtschau der weltweiten Klimaschutzanstrengungen statt, im Rahmen eines Dialogprozesses (facilitative dialogue) in Vorbereitung des Inkrafttretens des Paris Agreement.

Der Mechanismus einer regelmäßigen weltweiten Bestandsaufnahme – auf Basis gemeinsamer Berichtspflichten und -regeln – ist eines der Kernelemente des Übereinkommens von Paris. Als institutionalisiertes Forum erlaubt es einen faktenbasierten Dialog zwischen den Vertragsstaaten mit Blick auf Möglichkeiten zur Erhöhung des Ambitionsniveaus. Darüber hinaus schafft der Mechanismus Transparenz für eine internationale Öffentlichkeit, die die Klimaverhandlungen seit Jahren kritisch begleitet und auf verschiedensten Ebenen die Umsetzung von Maßnahmen innerhalb der Nationalstaaten unterstützt. Dazu zählen Bewegungen, Nichtregierungsorganisationen oder auch engagierte Bürgerinnen und Bürger, die sich politisch und gesellschaftlich auf dem Gebiet des Klimaschutzes einsetzen. Auch wenn das Übereinkommen von Paris keine verbindlichen einzelstaatlichen Zielvorgaben definiert, erlauben die gemeinsamen Berichtspflichten eine zivilgesellschaftliche Kontrolle und können Druck erzeugen, die gemachten Zusagen umzusetzen (sogenanntes naming and shaming) und ein höheres Ambitionsniveau anzustreben.

Artikel 15 nimmt die Durchführung des Übereinkommens und das Einhalten seiner Bestimmungen aus institutioneller Sicht auf. Ein Sachverständigenausschuss soll eingerichtet werden, der, wie es im Wortlaut heißt,

„(...) einen vermittelnden Charakter hat und in einer transparenten, als nicht streitig angelegten und nicht auf Strafen ausgerichteten Weise handelt" (EUR-Lex 2019).

Dieser künftige Mechanismus beschreibt einen schmalen Grat, bisher ungenügende einzelstaatliche Anstrengungen und das gemeinsam festgelegte globale Umweltziel sukzessive in Einklang zu bringen, ohne eigene Sanktionsmöglichkeiten zu besitzen. Umso wichtiger wird aller Voraussicht nach die erwähnte zivilgesellschaftliche Begleitung werden, verbunden mit politischen Entwicklungen in den Vertragsstaaten selbst.

Die folgenden **Artikel 16 bis 29** beinhalten technische und administrative Regelungen zur Umsetzung des Übereinkommens. Hervorzuheben sind hier insbesondere die Vereinbarungen in Artikel 21 in Form von Schwellenwerten, die erreicht werden müssen, damit das Paris Agreement in Kraft treten kann: Erstens müssen mindestens 55 Vertragsparteien der Klimarahmenkonvention das Übereinkommen ratifizieren, die, zweitens, mindestens 55 Prozent der gesamten weltweiten Treibhausgasemissionen auf sich vereinen. Diese Regelung lehnt sich an eine vergleichbare Vereinbarung an, die vormals für das Kyoto-Protokoll getroffen worden war, um sicherzustellen, dass sich eine kritische Anzahl von Ländern der Umsetzung verschreiben. Sind beide Bedingungen erfüllt, tritt das Übereinkommen nach einer Frist von 30 Tagen in Kraft.

Tatsächlich verlief der Ratifizierungsprozess im Anschluss an die feierliche Annahme des Vertragstextes am 12. Dezember 2015 überaus schnell, nicht zuletzt auch angesichts sich abzeichnender politischer Unsicherheiten im Vorfeld der Präsidentschaftswahlen in den USA. Bereits am 5. Oktober 2016 wurden u.a. mit dem Beitritt der Europäischen Union beide Schwellenwerte überschritten – das Übereinkommen von Paris konnte 30 Tage später am 4. November 2016 in Kraft treten. Aktuell haben 194 Staaten und die Europäische Union das Abkommen unterzeichnet, 186 Staaten und die EU sind dem Paris Agreement formell beigetreten und damit Vertragspartei geworden, darunter die größten Emittenten von Treibhausgasen China und die USA sowie ebenso Indien. Im Ergebnis bestehen derzeit für 89 Prozent der globalen Treibhausgasemissionen nationale Minderungsziele, was nahezu vollständiger Abdeckung entspricht (Iacobuta et al. 2018). Allerdings hat die amtierende Regierung der Vereinigten Staaten von Amerika den Rückzug des Landes vom Pariser Übereinkommen bekannt gegeben und zum frühestmöglichen Zeitpunkt am 5. November 2019 formell eingereicht. Dieser Schritt wird mit einer Frist von einem Jahr wirksam. Nicht zuletzt der Ausgang der Präsidentschaftswahlen in den USA im November 2020 wird die künftige Positionierung des Landes in der internationalen Klimapolitik prägen. Trotz dieses Schrittes wird die Umsetzungsphase des Übereinkommens von Paris 2020 von einer breiten Basis aus beginnen. Wesentlich ist dabei eine Rückbindung an den neuesten wissenschaftlichen Sachstand, um die in Artikel 2 formulierten Ziele erreichen zu können – in einer globalen Perspektive mit Blick auf mögliche Emissionspfade, aber auch hinsichtlich konkreter politischer Maßnahmen und Strategien für Klimaschutz auf verschiedenen Ebenen. Davon wird im nächsten Kapitel die Rede sein.

Umsetzung des Paris Agreement

5

5.1
Bisherige
Klimaschutz-
maßnahmen
und mögliche
Klimafolgen

Die klimapolitische Ausgangslage zu Beginn der Umsetzungsphase des Übereinkommens von Paris ist ernst. So reichen die bislang kommunizierten nationalen Selbstverpflichtungen bei weitem nicht aus, um auch nur in die Nähe des nunmehr völkerrechtlich verbindlichen Umweltzieles zu kommen, den Anstieg der globalen Mitteltemperatur auf deutlich unter 2°C (bzw. auf 1,5°C) zu begrenzen. Tatsächlich zeigen aktuelle Projektionen, dass auf Basis der derzeit bekannten Pläne und Zusagen ein Temperaturanstieg von 2,8°C bis zum Ende des Jahrhunderts zu verzeichnen wäre (Climate Action Tracker 2019). Werden nur die bisher bereits umgesetzten politischen Maßnahmen berücksichtigt, ist sogar eine Erderwärmung von 3°C zu erwarten (ebd.). Detaillierte Analysen auf Länderebene unterstreichen diese Gesamtschau. Bis auf Indien sind die klimapolitischen Anstrengungen keiner der großen Treibhausgasverursacher mit dem 2°C-Limit vereinbar, geschweige denn mit einer Begrenzung des Temperaturanstiegs auf 1,5°C (ebd.). Die bei einem „weiter so" zu erwartenden Schäden durch klimatische Veränderungen wären gravierend und absehbar kaum beherrschbar. Der Weltklimarat fasst in einem aktuellen Sonderbericht den Wissensstand dazu grafisch prägnant zusammen.

ABB. 5:

KLIMAFOLGEN UND RISIKEN

Five Reasons For Concern (RFCs) illustrate the impacts and risks of different levels of global warming for people, economies and ecosystems across sectors and regions.

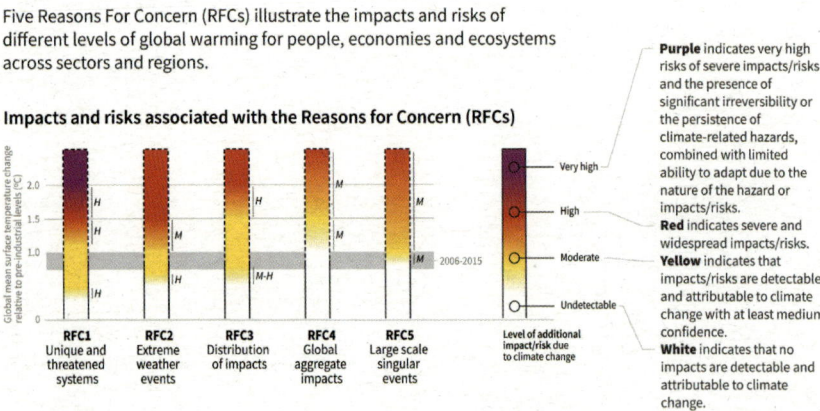

Impacts and risks associated with the Reasons for Concern (RFCs)

Purple indicates very high risks of severe impacts/risks and the presence of significant irreversibility or the persistence of climate-related hazards, combined with limited ability to adapt due to the nature of the hazard or impacts/risks.
Red indicates severe and widespread impacts/risks.
Yellow indicates that impacts/risks are detectable and attributable to climate change with at least medium confidence.
White indicates that no impacts are detectable and attributable to climate change.

Confidence level for transition: L = Low, M = Medium, H = High and VH = Very high

Quelle: IPCC 2018

Aufgeschlüsselt in fünf Kategorien unterschiedlicher Klimafolgen wird eine Risikoabschätzung vorgenommen, farblich gekennzeichnet beginnend mit moderaten, über hohe, bis sehr hohe Risiken und Schäden. Besonders prägnant sind die Schadenserwartungen für bedrohte Ökosysteme, die bereits wenig oberhalb von 1,5°C Erwärmung sehr hohen Risiken ausgesetzt sind. Für Extremwetterereignisse ist absehbar, dass diese in Intensität und Wirkung bereits wenig oberhalb der aktuell gemessenen Erderwärmung in einen Bereich hoher Risiken übergehen. Bei den großskaligen Einzelereignissen, wie die bereits erläuterten Kippelemente im Erdsystem in der Grafik bezeichnet werden, findet ein Übergang von moderaten zu hohen Risiken in einem Temperaturbereich zwischen 1,5°C und 2°C globaler Erwärmung statt, beispielsweise hinsichtlich des möglichen Abschmelzens des Grönländischen Eisschilds. Mit Blick auf von Klimafolgen betroffene Regionen und Bevölkerungen leitet der Bericht ab, dass bis zu 50 Prozent weniger Menschen von Wasserknappheit betroffen wären, und in der Größenordnung von bis zu mehreren 100 Millionen Menschen weniger von armutsgefährdenden Klimarisiken bis 2050 bedroht sein könnten – jeweils im Vergleich zwischen 1,5°C und 2°C Erderwärmung.

In der Gesamtschau wird deutlich, dass der durch das Übereinkommen von Paris festgelegte Temperaturkorridor von 1,5°C bis deutlich unter 2°C bereits große Anpassungsleistungen weltweit erfordern wird, und dass bei besonders exponierten Ökosystemen mit großen Schäden bis hin zum Verlust der betroffenen Lebensräume gerechnet werden muss – einhergehend mit schwerwiegenden Konsequenzen für menschliches Wohlergehen. Umso offensichtlicher stehen diese Risikoanalysen im Kontrast mit den bisher getroffenen Maßnahmen der Staatengemeinschaft. Dieser Befund wird durch neue Analysen zum Wechselspiel von Kippelementen im Erdsystem weiter verstärkt. Eine bahnbrechende aktuelle Studie (Steffen et al. 2018) hat in diesem Zusammenhang den Begriff der Heißzeit (hothouse Earth) geprägt – dem Wort des Jahres 2018. Das Forschungsteam zeigt in dieser Studie, wie verschiedene Kippelemente dergestalt in Wechselbeziehungen stehen, dass ein Phasenübergang eines Kippelementes Veränderungsprozesse in anderen Teilen des Erdsystems weiter beschleunigen kann. Im Ergebnis besteht das Risiko einer Kettenreaktion von sich selbst verstärkenden Kipp-Prozessen. Dies würde auch Auswirkungen auf die globale Mitteltemperatur haben, wenn durch derartige Veränderungen weitere Treibhausgase freigesetzt würden, die jetzt noch in natürlichen Senken gespeichert sind. Die Prognoseunsicherheit ist bei derartigen Abschätzungen beträchtlich, doch gehen die Forscherinnen und Forscher davon aus, dass bei einer anthropogenen Erwärmung von 2°C durch in der Natur ablaufende Prozesse noch ca. 0,5°C zusätzliche Erwärmung erfolgen könnte. Im ungünstigsten Fall wäre sogar eine „enteilende" Erwärmung (runaway greenhouse effect) von mehr als 4°C möglich. Vor diesem Hintergrund erscheint die im Übereinkommen von Paris festgelegte Erweiterung des Temperaturkorridors nach unten auf 1,5°C mit Blick auf die dadurch zu vermeidenden Klimafolgen als wohlbegründet. Tatsächlich ist es für die Weltgemeinschaft in vielerlei Hinsicht sinnvoll, vor dem Hintergrund dieser Risikoabschätzungen um jedes Zehntelgrad vermiedene Erwärmung zu ringen. Eine Stabilisierung der Erderwärmung so nahe wie möglich an 1,5°C könnte tatsächlich das Zünglein an der Waage sein, um sich selbst verstärkende Kipp-Prozesse im Erdsystem aufzuhalten.

5.2 Pfade zur Begrenzung der Erderwärmung auf 1,5°C

Die Beschlüsse zum Übereinkommen von Paris umfassen auch das Mandat an den Weltklimarat IPCC, Mittel und Wege zu untersuchen, um ein Temperaturlimit von 1,5°C Erwärmung einzuhalten. Der im Oktober 2018 vorgelegte „Sonderbericht 1,5°C globale Erwärmung" (IPCC 2018) liefert dazu Antworten, die im Folgenden beleuchtet und analysiert werden sollen.

Die Bestandsaufnahme des Weltklimarates bestätigt den bis dato gemessenen Erwärmungstrend. So haben menschliche Aktivitäten bereits zu einem globalen Temperaturanstieg von rund 1°C geführt. Ohne eine Trendumkehr steht zu erwarten, dass der Schwellenwert von 1,5°C bereits im Zeitraum von 2030 bis 2052 erreicht werden könnte. Allerdings ist dies keine Prognose, sondern eines von zahlrei-

chen möglichen Szenarien. Tatsächlich bedingen die bisher ausgesto-
ßenen Treibhausgase noch keinen Temperaturanstieg von 1,5°C. Ob
dieser Wert erreicht und gegebenenfalls wie stark er überschritten
wird, hängt allein von der künftigen globalen Emissionsentwicklung
ab. Dies ist im Einklang mit dem Budgetprinzip, das im Kapitel zur klimawissenschaftlichen Ausgangslage erläutert wurde. Der Weltklimarat (IPCC 2018) untersucht vor diesem Hintergrund mögliche Emissi-
ons- und Entwicklungspfade, die eine Stabilisierung bei 1,5°C globaler
Erwärmung gegenüber der vorindustriellen Zeit erlauben würde. Die
Vielzahl der untersuchten Szenarien mit den entsprechenden globalen
Emissionsverläufen wird in Abbildung 6 sichtbar.

ABB. 6:
GLOBALE EMISSIONSPFADE ZUR KLIMASTABILISIERUNG

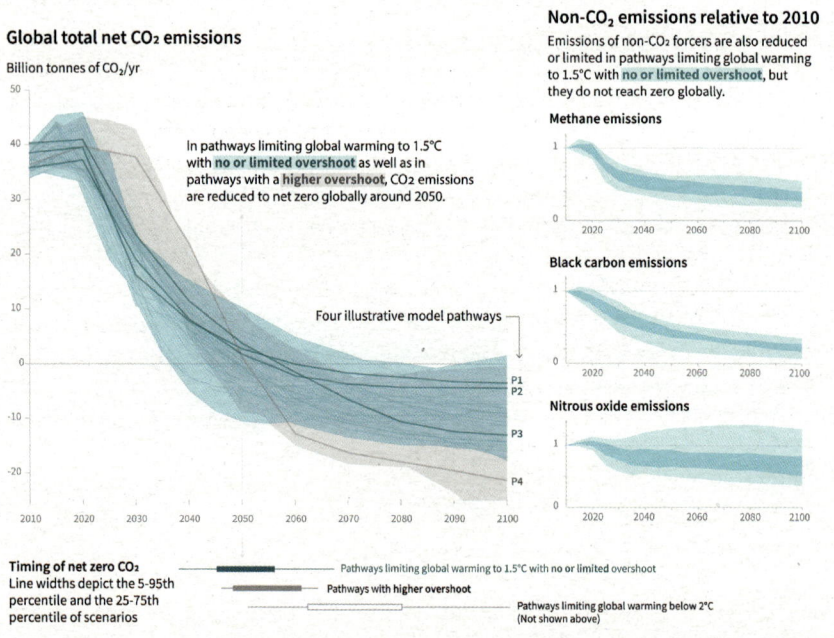

Quelle: IPCC 2018

Innerhalb dieses Szenarienraumes lassen sich vier illustrative Pfade
ableiten (P1–P4), drei davon im blauen Emissionskorridor, der ein
Überschreiten des 1,5°C-Limits weitgehend verhindert (no or limited overshoot). Der illustrative Pfad P4 würde ein zeitweises Überschreiten dieses Schwellenwertes bedingen, wobei durch den ange-
nommenen umfangreichen Entzug von Treibhausgasen („negative
Emissionen") im späteren Zeitverlauf dieses Emissionspfades die

Erderwärmung wieder auf das Maß von 1,5°C zurückgeführt werden könnte. Bei allen Szenarien sind ergänzende Annahmen zu den künftigen Emissionen von Methan, Rußpartikeln und Lachgas notwendig, deren Freisetzung die Erderwärmung beschleunigen. Entsprechende Emissionsprofile sind hier ebenso grafisch dargestellt.

Trotz der Bandbreite der Modellierungsergebnisse lassen sich relevante Aussagen mit Blick auf notwendige weltweite Anstrengungen machen, um den Temperaturanstieg auf 1,5°C zu begrenzen. Der Scheitelpunkt der globalen Emissionen (global emissions peak) müsste so rasch wie möglich um das Jahr 2020 herum erfolgen, mit daran anschließenden fortwährenden und deutlichen Emissionsreduktionen bis hin zur globalen Kohlenstoffneutralität etwa zur Jahrhundertmitte. Daran anschließend müsste aktives Entziehen von CO_2 aus der Atmosphäre durch die verstärkte Nutzung natürlicher Senken erfolgen, vor allem im Bereich Landnutzung und Forstwirtschaft, aber auch mittels technischer Speicherung von Kohlendioxid im Untergrund. Die notwendigen Dimensionen dieser sogenannten negativen Emissionen hängen direkt von der Geschwindigkeit der davor erfolgten Emissionsminderungen zusammen. Entsprechend dem Budgetprinzip müsste eine „Überziehung" des globalen Kohlenstoffkontos später technisch aufwändig ausgeglichen werden.

Der Sonderbericht 1,5°C globale Erwärmung nimmt mit Bezug auf die vier illustrativen Pfade zu deren Umsetzungschancen nicht detailliert Stellung. Zwar ist die technische Machbarkeit nach derzeitigem Stand des Wissens gegeben, doch bleiben die politischen und gesellschaftlichen Anforderungen für eine Umsetzung hoch. So wären auf Basis des wissenschaftlichen Sachstandes zur Begrenzung des Temperaturanstiegs auf 1,5°C rasche und weitreichende Veränderungen in allen Sektoren erforderlich. Energie, Landnutzung, Städte, Infrastruktur und Industrie würden Teil eines großangelegten Transformationsprozesses (IPCC 2018). Dabei wäre der Wandel mit dem Ziel der Klimastabilisierung in seiner Größe und seinem Umfang beispiellos, nicht jedoch notwendigerweise, was die Veränderungsgeschwindigkeit im Einzelnen angeht (ebd.). Für ein Gelingen notwendig wären tiefe Einschnitte bei den Emissionen von Treibhausgasen, ein breites Portfolio von Minderungsoptionen sowie eine signifikante Steigerung der Investitionstätigkeit in diesen Bereichen (ebd.). Diese Anforderungen stehen im Einklang mit den Pfaden P1–P3, die auch ein kurzfristiges Überschreiten der Temperaturleitplanke von 1,5°C vermeiden würde.

Pfad P4 würde einen deutlich verzögerten globalen Einstieg in den Klimaschutz mit beträchtlichen negativen Emissionen im Zeitablauf erkaufen. Die Dimensionen wären wahrhaft gigantisch: Im Laufe des 21. Jahrhunderts notwendiger Entzug von rund 1.200 Milliarden Tonnen CO_2 aus der Atmosphäre und anschließende unterirdische Speicherung sowie dafür notwendige Bewirtschaftung von 7,2 Millionen km^2 Land mit Energiepflanzen bereits im Jahr 2050 (ebd.) – mehr als das 20-fache der Fläche Deutschlands!

Die Zahlen verdeutlichen, mit welcher Stringenz das Budgetprinzip wirkt, wenn anfängliche Emissionsminderungen unterblieben oder die Emissionen zunächst gar weiter anwachsen würden, wie es global gesehen bis dato noch der Fall ist. Auch der illustrative Pfad P3 würde noch umfangreiche negative Emissionen bedingen, in einer Größenordnung von 400 Milliarden Tonnen CO_2 aus biologischer Speicherung bis zum Ende des Jahrhunderts bei einem Landbedarf von 2,8 Millionen km^2 im Jahr 2050 (ebd.). Letztlich sind es die Pfade P1 und P2, die es erlauben würden, ohne oder im Vergleich zu den Alternativszenarien bei deutlich begrenzter Notwendigkeit für negative Emissionen den Anstieg der Mitteltemperatur bei 1,5°C zu stabilisieren. Die sich daraus ergebenden Konsequenzen für kurzfristige Emissionsminderungen sind indes eindeutig: ein sehr zeitnahes Erreichen des Scheitelpunktes der globalen Emissionen und eine Minderung des Ausstoßes von Treibhausgasen um rund 50 Prozent im Jahr 2030 im Vergleich zum Jahr 2010 (ebd.). Dabei muss festgehalten werden, dass die weltweiten Emissionen in der letzten Dekade noch gestiegen sind, sodass die Minderung mit Basisjahr 2020 sogar noch etwas höher ausfallen müsste. Damit einhergehen würde ein global deutlich forcierter Ausbau der erneuerbaren Energien, die in beiden Szenarien im Jahr 2030 einen Anteil an der weltweiten Stromversorgung von rund 60 Prozent erreichen und diesen bis zum Jahr 2050 auf rund 80 Prozent ausbauen würden (ebd.).

Die Ergebnisse dieser Modellrechnungen aus dem Sonderbericht des IPCC (2018) unterstützen die Kernaussagen einer wegweisenden wissenschaftlichen Arbeit zu einem Fahrplan für eine rasche weltweite Dekarbonisierung (vgl. Rockström et al. 2017). Bei dessen Umsetzung würden die CO_2-Emissionen im globalen Maßstab deutlich sinken bis hin zur Kohlenstoffneutralität zur Jahrhundertmitte – orientiert an einem von den Autoren als Carbon Law bezeichneten Prinzip der Halbierung der Emissionen aus fossilen Brennstoffen alle zehn Jahre. Diese einfache Faustregel ähnelt dem Mooreschen Gesetz (Moore's Law) in der Computerindustrie, das sich seit über 50 Jahren als Innovationstreiber bewährt hat und als quasi selbsterfüllende Prophezeiung Taktgeber für Markterwartungen und technischen Fortschritt war und ist. Bezogen auf die sehr komplexe Thematik des Klimawandels und möglicher Klimafolgen einerseits sowie dem Übereinkommen von Paris als rechtlichen Rahmen für weltweiten Klimaschutz andererseits, liefert das Carbon Law eine Orientierung für notwendige Anstrengungen im globalen Maßstab. Das Grundprinzip einer Halbierung der Emissionen alle zehn Jahre kann hierbei für Nationalstaaten handlungsleitend werden, es lässt sich aber explizit auch auf anderen Skalen anwenden: in den verschiedenen Sektoren einer Volkswirtschaft, in Städten und Gemeinden, aber auch individuell auf der Ebene der Bürgerinnen und Bürger.

Um die ehrgeizigen Emissionsziele zu erreichen, sieht der Fahrplan einen ebenso anspruchsvollen Ausbau der erneuerbaren Energien vor. So wäre es bei einer Verstetigung des derzeitigen exponentiellen Wachstums des Anteils von Sonne, Wind und Biomasse im Energiesektor möglich, die fossilen Brennstoffe rasch genug zu ersetzen, etwa bei einer Verdopplung alle fünf bis sieben Jahre (Rockström et al. 2017). Weiterhin müssten Technologien zum Entziehen von CO_2 aus der Atmosphäre vorangetrieben sowie entschlossen bei den Emissionen aus der Landwirtschaft und dem Roden von Wäldern umgesteuert werden (ebd.). In der Summe der Maßnahmen ließe sich die Erderwärmung in dem durch das Übereinkommen von Paris festgelegten Temperaturkorridor stabilisieren, im besten Fall bei 1,5°C. In Abbildung 7 werden die Kernpunkte des Carbon Law zusammengefasst.

ABB. 7:

GLOBALER EMISSIONSPFAD UND AUSBAU ERNEUERBARER ENERGIEN ENTSPRECHEND DEM CARBON LAW

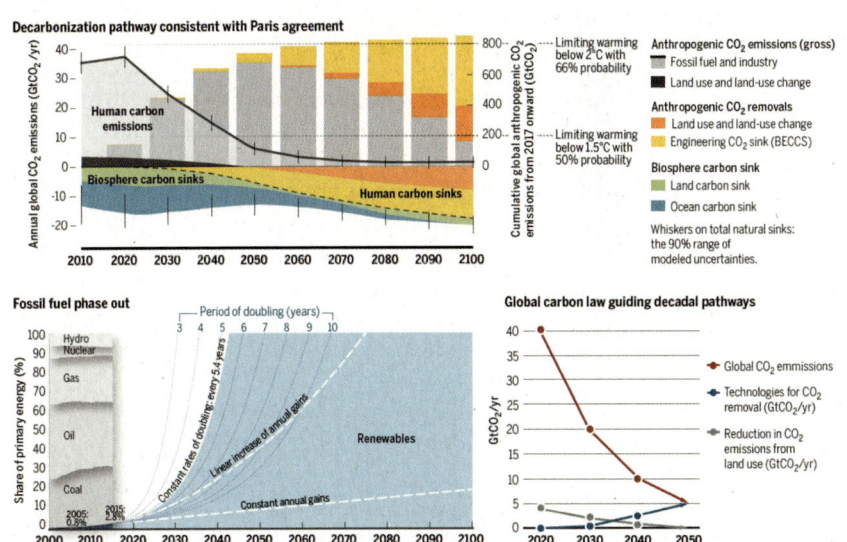

Quelle: Illustration: N. Cary / SCIENCE. Aus Rockström et al. 2017

Für das Gesamtverständnis ist es wichtig zu betonen, dass die vorgeschlagene weltweite Halbierung der Emissionen in jeder Dekade ab 2020 sich nicht notwendigerweise in allen Erdteilen und Nationalstaaten in der gleichen Geschwindigkeit vollziehen würde. Entsprechend den Regelungen im Vertragstext von Paris sollen Vertragsstaaten gemeinschaftlich Verantwortung für das Umweltziel übernehmen, die jeweiligen Beiträge sich aber auch nach der individuellen Leistungsfähigkeit bemessen. Insofern bleibt festzuhalten, dass die Herausforderung für einen Transformationsprozess zu einer treibhausgasneutralen Wirtschaftsweise in wohlhabenden Industrieländern noch größer ist, als es die in diesem Kapitel erläuterten, ohnehin schon sehr ehrgeizigen globalen Durchschnittswerte, erwarten lassen. Ob die Beschleunigung des Umbauprozesses national, wie auch in der Summe global gelingen wird, hängt ganz wesentlich davon ab, ob zeitnah politische Rahmenbedingungen so verändert beziehungsweise neu geschaffen werden, um die Weichen rechtzeitig in Richtung Dekarbonisierung zu stellen.

5.3. Politische Rahmenbedingungen

Ein zentraler Grund für den hohen – und im Weltmaßstab weiterwachsenden – Ausstoß von Treibhausgasen sind zu niedrige (relative) Preise für fossile Energien und damit erzeugte Güter, da wesentliche Faktoren in der Preisbildung bisher keine oder kaum Berücksichtigung finden. So werden die durch das Verbrennen von Kohle, Öl und Gas verursachten Klimafolgen in der Regel nicht in den Marktpreisen abgebildet und von den Konsumenten dieser Energieträger sowie damit erzeugter Produkte nicht getragen. Ökonomen sprechen in diesem Zusammenhang von sozialen Kosten, die ausgelagert werden und letztlich von der Gesellschaft als Ganzes sowie den durch Klimafolgen besonders Betroffenen getragen werden müssen. Damit verbunden ist ein sogenanntes Marktversagen, das zu einer Fehlverteilung von Ressourcen führt. Vereinfacht gesagt ist der Verbrauch von fossilen Energieträgern (deutlich) zu hoch, um die Wohlfahrt in einer gesamtgesellschaftlichen Perspektive bestmöglich zu steigern. Dieser Befund gilt umso mehr, wenn Schäden durch fortschreitenden Klimawandel berücksichtigt werden, die weltweit auftreten – und dies vermehrt in Ländern und Regionen, die aufgrund geringer Emissionen wenig zum Klimawandel beigetragen haben. In einer langfristigen, sogenannten intertemporalen Perspektive, ist die Wohlfahrt junger Menschen sowie künftiger Generationen besonders gefährdet, da die Klimafolgen mit der Zeit zunehmen und gravierender werden (WBGU 2011).

Um diesem Marktversagen entgegen zu wirken und die sozialen Kosten besser abzubilden, stehen eine Reihe von Politikinstrumenten zur Verfügung, mit denen Staaten Klimapolitik gestalten und ihre NDCs umsetzen können. Dabei lassen sich

* Regulierung,
* Marktanreize,
* Informationsinstrumente und
* öffentliche Investitionen

unterscheiden (ebd.).

Regulierung stellt die unmittelbarste Form staatlicher Eingriffe dar, da sie konkrete Vorgaben oder Verbote für bestimmte wirtschaftliche Aktivitäten setzt. Unter dieses Politikinstrument fallen beispielsweise Effizienzstandards für Autos, Gebäude oder Konsumgüter, die als Mindestniveau definiert werden und von den Anbietern nicht unterschritten werden dürfen. Im Gebäudesektor sei hier exemplarisch für Deutschland auf die Energieeinsparverordnung (EnEV) verwiesen, die in regelmäßigen Abständen höhere Anforderungen für Neubauten definiert. Die technische Umsetzung von Anforderungen aus Regulierung bleibt in der Regel gleichwohl den Unternehmen überlassen.

Marktanreize sind flexible Steuerungsinstrumente, die, anders als dies bei Regulierung der Fall ist, unternehmerisches Handeln nicht mit Ver- oder Geboten leiten, sondern darauf abzielen, relative Preise zu verändern, um damit die ökonomische Kalkulation zu beeinflussen und letztlich Investitions-, Produktions- und Konsumentscheidungen indirekt zu lenken. Dies kann durch Steuern, Abgaben, Subventionen oder auch Nutzungsgebühren geschehen. Die Entscheidung, ein Produkt oder eine Dienstleistung am Markt anzubieten, bleibt im Falle von Marktanreizen jedoch den Unternehmen überlassen. Marktanreize eröffnen demnach einen größeren Spielraum, das Angebots-Portfolio flexibel anzupassen und Übergänge fließender zu gestalten, als dies bei direkter Regulierung der Fall sein könnte. Somit können im besten Fall Kosten minimiert werden, wobei für die Zielerreichung ein Monitoring und gegebenenfalls eine Nachjustierung notwendig sein kann.

Informationsinstrumente zielen in erster Linie darauf ab, die Transparenz für Konsumenten zu erhöhen und zu informierten Kaufentscheidungen beizutragen. Zu nennen sind hier Produktkennzeichnung (Labeling) oder Informationsinitiativen. Im europäischen Raum ist die Energieverbrauchskennzeichnung für zahlreiche Konsumgüter (z.B. Kühlgeräte, Heizungen, Beleuchtung oder Autos) ein wichtiges Informationsinstrument. Ziel ist es, verschiedene Produkte mit Blick auf ihren Energieverbrauch im Betrieb vergleichbar zu machen und so den Verbrauchern Hilfestellung zu geben, Anschaffungskosten mit den Folgekosten in Relation setzen zu können. Ähnlich wie bei Marktanreizen ist die Konsumentscheidung jedoch frei, der staatliche Eingriff vor allem indirekt.

Demgegenüber sind öffentliche Investitionen eine unmittelbare Interventionsmöglichkeit für staatliches Handeln. Mit Ausgaben für öffentliche Infrastruktur oder (Technologie-)Demonstrationsprojekte können richtungsweisende Grundlagen für die weitere Entwicklung einer Volkswirtschaft gelegt werden. So bildet beispielsweise ein gut ausgebauter öffentlicher Nahverkehr kombiniert mit einem leistungsfähigen Schienennetz für Fernreisen das Rückgrat für emissionsarme Mobilität. Und Investitionen in Forschung und Entwicklung von treibhausgasfreien Energieerzeugungstechnologien können die Zeit bis zur Marktreife verkürzen helfen und damit einen rascheren Ausbau – national wie auch international – ermöglichen.

Regulierung, Marktanreize, Informationsinstrumente und öffentliche Investitionen können – und sollten – in ihrem Zusammenspiel als Politikinstrumente-Mix (policy mix) gezielt eingesetzt werden, um verschiedene Arten von Marktversagen zu korrigieren und das wohlfahrtsfördernde Potenzial von Märkten bestmöglich zu nutzen. Im Bereich der Marktanreize ist eine entsprechende Bepreisung eine wesentliche und nach dem Stand der Forschung entscheidende Komponente für die Begrenzung und Reduzierung von Treibhausgasemissionen, die durch weitere Politikinstrumente flankiert werden. Ziel ist es, die Umweltschäden in den Marktpreisen zu berücksichtigen und so Anreize für Emissionssenkungen zu setzen. In der Volkswirtschaftslehre wird dies als Internalisierung externer Kosten bezeichnet.

Eine Bepreisung für Treibhausgase ist im Rahmen von Marktanreizen entweder über eine Steuer oder über einen Emissionshandel möglich. Insbesondere für Kohlendioxid als wichtigstes Treibhausgas wurden verschiedene Möglichkeiten der Bepreisung untersucht (vgl. Edenhofer und Jakob 2019; Klingenfeld 2012b). Sowohl Emissionshandelssysteme als auch Steuern auf Kohlendioxidemissionen befinden sich in verschiedenen Ländern weltweit in Anwendung, wobei deren Lenkungswirkung bis auf wenige Ausnahmen aufgrund zu geringer Steuersätze oder zu großzügig bemessener Emissionsmengen nicht mit bereits erläuterten Pfaden zur Klimastabilisierung im Sinne des Übereinkommens von Paris vereinbar sind. Zielorientiert eingesetzt kann das Instrument der Bepreisung jedoch sehr wirkmächtig sein. Dabei ist es nicht entscheidend, ob das Preissignal direkt durch eine Steuer gesetzt wird oder sich indirekt mittels des Handels von Emissionszertifikaten ergibt. Die wesentlichen Unterschiede zwischen Preis-(Steuer) und Mengeninstrument lassen sich wie folgt skizzieren:

Mittels einer Steuer (meist bezogen auf 1 Tonne CO_2) wird ein Preis auf CO_2-Emissionen festgelegt, der proportional zur Emissionsmenge gezahlt werden muss. Meist wird die Steuer bei Unternehmen erhoben, die fossile Energien z.B. in der Stromproduktion direkt nutzen oder aber in Verkehr bringen. Ein Vorteil einer CO_2-Steuer ist die erhöhte Planungssicherheit für Produzenten und Konsumenten aufgrund des festen Preises. Im Umkehrschluss besteht eine Unsicherheit über die resultierende Emissionsmenge und damit den Umwelterfolg der Maßnahme. Vor diesem Hintergrund müsste eine Steuer gegebenenfalls dynamisch angepasst werden, um das angestrebte Ergebnis zu erzielen.

Demgegenüber ist der Grundgedanke eines Emissionshandelssystems, die Menge von CO_2-Emissionen zu deckeln und diese handelbar zu machen (ebenso in der Regel bezogen auf 1 Tonne CO_2). Emittenten müssen Emissionszertifikate proportional zur Emissionsmenge vorweisen und bei Bedarf am Markt nachkaufen. Durch die Handelbarkeit der Zertifikate bestimmen Angebot und Nachfrage den Preis für Emissionen. Im Gegensatz zur Steuer besteht in diesem Fall Unsicherheit über den sich indirekt ergebenden Marktpreis, mit dem Risiko unsicherer langfristiger Anreize für Investitionen in kohlenstoffarme Technologien.

Weniger als die Frage, welches Instrument zum Einsatz kommt, ist jedoch vielmehr entscheidend, wie eine Steuer oder ein Emissionshandel als grundlegende Elemente eines umfassenderen Politikinstrumente-Mix in der Praxis ausgestaltet und welche Treibhausgasreduktionen damit angestrebt und realisiert werden. Für die Einhaltung der Verpflichtungen aus dem Übereinkommen von Paris bleiben letztlich die tatsächlichen Beiträge politischer Maßnahmen zur Begrenzung der globalen Mitteltemperatur auf deutlich unter 2°C, beziehungsweise auf 1,5°C, entscheidend.

Aufgrund der transparenten Berichtspflichten und -regeln mittels NDCs sowie dem in Artikel 14 festgelegten Mechanismus einer regelmäßigen weltweiten Bestandsaufnahme wird Transparenz für eine internationale Öffentlichkeit geschaffen. Wie in der Analyse der Kernpunkte des Vertragstextes dargelegt, erlauben die gemeinsamen Berichtspflichten eine zivilgesellschaftliche Kontrolle der gemachten Zusagen sowie deren wissenschaftliche Überprüfung mit Blick auf die jeweiligen Beiträge für die Einhaltung des in Artikel 2 definierten globalen Umweltziels. Hier ist die Situation zum Beginn der Umsetzungsphase des Übereinkommens von Paris besorgniserregend, wie die aktuelle Forschung zeigt.

NATIONALE BEITRÄGE ZUR UMSETZUNG DES ÜBEREINKOMMENS VON PARIS

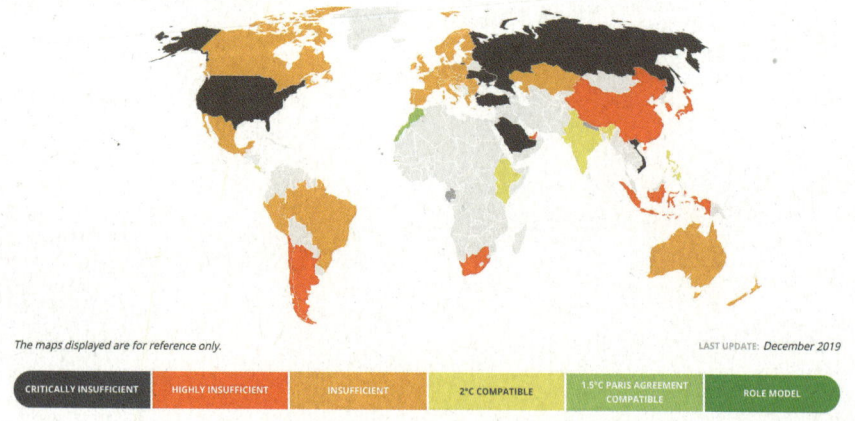

The maps displayed are for reference only.

LAST UPDATE: *December 2019*

| CRITICALLY INSUFFICIENT | HIGHLY INSUFFICIENT | INSUFFICIENT | 2°C COMPATIBLE | 1.5°C PARIS AGREEMENT COMPATIBLE | ROLE MODEL |

Quelle: Climate Action Tracker 2019

Die untersuchten nationalen Selbstverpflichtungen sind bis auf weni-ge Ausnahmen ungenügend, um die Erderwärmung zu stabilisieren und gefährlichen Klimawandel zu vermeiden. Tatsächlich würde die globale Mitteltemperatur mit den bisher umgesetzten Maßnahmen bis zum Ende des Jahrhunderts um 3°C steigen (Climate Action Tra-cker 2019), mit den eingangs beschriebenen zu erwartenden gravie-renden Klimaschäden und Großrisiken für das Erdsystem.

Die Anforderungen an Formulierung und Umsetzung praktischer Politik sind also hoch, um den gemeinschaftlich eingegangenen – und völkerrechtlich bindenden – Zielen aus dem Pariser Klimaabkommen gerecht zu werden. Die Politikinstrumente, mit denen sich Paris-kompatible Emissionspfade angelehnt an den Carbon Law realisieren lassen, sind wissenschaftlich genau untersucht und befinden sich be-reits in Teilen der Welt in Anwendung. Angesichts des eng begrenz-ten noch zur Verfügung stehenden Emissionsbudgets ist die große Herausforderung im Hier und Jetzt, eine deutliche, um nicht zu sagen dramatische Beschleunigung des Tempos des Wandels hin zu einer CO_2-neutralen Wirtschaftsweise im Weltmaßstab zu erreichen. Hier-für bilden den Zielpfaden entsprechende signifikante Preissignale für Treibhausgasemissionen – allen voran Kohlendioxid – die Grundlage, die nicht nur im nationalen Maßstab, sondern letztlich global gedacht und umgesetzt werden müssen (vgl. Edenhofer und Jakob 2019; Klin-genfeld 2012b). Im Zusammenspiel mit weiteren flankierenden Po-litikinstrumenten und Maßnahmen, die für einen sozialen Ausgleich sorgen und die soziale Akzeptanz derartiger Veränderungen sichern helfen, kann die globale Emissiontrendwende noch rechtzeitig gelingen.

Dass wohlhabenden Industrieländern mit hohen technischen Fähigkeiten, wie Deutschland, auf diesem Weg eine besondere Rolle zukommt, ist unstrittig. Der erfolgreiche Einstieg und die zeitgerechte Umsetzung einer Dekarbonisierungsstrategie zur Erreichung der Klimaziele in einer sozial ausgewogenen Art und Weise, ist nicht nur national, sondern auch darüberhinausgehend von Bedeutung. Mittel und Wege aufzuzeigen und entsprechende Maßnahmen zu ergreifen kann in der Tat als eine notwendige Bedingung für ein Gelingen des Transformationsprozesses im Weltmaßstab gesehen werden, da die gemachten Erfahrungen dabei helfen, (politische) Risiken zu senken und Kosten zu minimieren. So senden die Debatten zur Klimapolitik in Deutschland Signale, die in Europa und anderen Teilen der Welt genau verfolgt werden. Das Ringen um das Klimaschutzprogramm Deutschlands für die kommende Dekade ist hier ein zentrales Handlungsfeld.

Die seit 2014 gültigen Ziele der Klima- und Energiepolitik der Europäischen Union sehen eine Senkung der Treibhausgasemissionen um mindestens 40 Prozent unter das Niveau von 1990 bis zum Jahr 2030 vor. Weiterhin soll der Anteil erneuerbarer Energiequellen auf 27 Prozent erhöht werden und die Energieeffizienz um mindestens 27 Prozent steigen. Etwa die Hälfte der Treibhausgasemissionen der Europäischen Union und auch Deutschlands sind im EU ETS erfasst, vor allem der Stromsektor sowie große industrielle Energieverbraucher. Gegenüber dem Bezugsjahr 2005 sollen die Emissionen im EU ETS bis 2030 um 43 Prozent sinken. Die anderen, bisher nicht im Emissionshandel erfassten Sektoren (sogenannte non-trading sectors) sollen einen Beitrag von -30 Prozent (gegenüber 2005) zum EU-weiten Klimaschutzziel erbringen. Diese Emissionsminderungsvorgaben stehen in Bezug zum Langfristziel von -80 bis -95 Prozent bis zum Jahr 2050, mit dem sich Europa im Einklang mit einer Begrenzung der Erderwärmung auf 2°C sieht. Allerdings wurde das EU-Langfristziel bereits vor den Verhandlungen zum Übereinkommen von Paris geschlossen, ein Pfad zu einer Klimastabilisierung bei 1,5°C müsste, wie bereits mit Verweisen auf den Sonderbericht des IPCC (2018) und das Carbon Law (Rockström et al. 2017) genauer erläutert, für die Europäische Union deutlich ambitionierter ausfallen. Die Diskussionen zu einem europäischen Ziel der Kohlenstoffneutralität zur Jahrhundertmitte und entsprechend stärkerer Anstrengungen in den drei Dekaden auf dem Weg dahin laufen unter dem Stichwort European Green Deal zwischen der Europäischen Kommission um ihre Präsidentin Ursula von der Leyen und den Mitgliedstaaten. Insbesondere das zur Entscheidung stehende ehrgeizigere Ziel einer Senkung der

Treibhausgasemissionen um 50 bis 55 Prozent für das Jahr 2030 würde zusätzliche Impulse für die kurz- bis mittelfristige Umsetzung des Übereinkommens von Paris entfalten.

Doch selbst die derzeit gültigen Zielmarken erfordern eine markante Abkehr von einer Politik des „weiter so". Tatsächlich stellen insbesondere die Verpflichtungen zur Treibhausgasreduktion aus den nicht im EU ETS erfassten Sektoren Deutschland vor große Herausforderungen. Das EU-weite Ziel von -30 Prozent gegenüber 2005, in den Bereichen Verkehr, Gebäude und Landwirtschaft sowie in Teilen des Industrie- und Energiesektors, ist verbindlich auf die Mitgliedstaaten aufgeteilt. Deutschland hat hier einen Minderungsbeitrag von 38 Prozent übernommen. Anders als im Emissionshandel, bei dem die Zielerreichung quasi systemimmanent angelegt ist, besteht für diese Sektoren bisher kein Regulierungsrahmen, der Anreize für Emissionsminderungen in der notwendigen Höhe setzen würde. Es verwundert daher nicht, dass die eingegangenen Verpflichtungen ohne entschlossenes Nachsteuern verfehlt würden. In diesem Fall drohen Deutschland erhebliche Strafzahlungen (Edenhofer et al. 2019a).

Von Seiten der Wissenschaft wurde im Rahmen eines intensiven Politikberatungsprozesses im Austausch mit den beteiligten Ministerien eine Reihe von Empfehlungen vorgelegt, wie die Erreichung der politisch gesetzten Klimaschutzziele sozial ausgewogen gelingen könnte. Zu den Kernempfehlungen, die in der Analyse detailliert erläutert und hier nur kurz angeführt werden, gehören

- Eine umfassende Bepreisung von CO_2-Emissionen auf verschiedenen Ebenen: Aufbauend auf einer nationalen CO_2-Preisreform unter Einbeziehung aller Sektoren wird ein europaweit harmonisiertes Regelwerk angestrebt, das dem Klimaschutz dient und die europäische Verhandlungsposition mit Blick auf die internationale Umsetzung des Übereinkommens von Paris stärkt.

- Die kurzfristige Stärkung von Marktanreizen zur CO_2-Vermeidung in den Bereichen Verkehr und Wärme mittels einer Steuer oder eines (zunächst) nationalen Emissionshandelssystems für die entsprechenden Sektoren als Ergänzung zum bestehenden EU ETS. Für die Erreichung der deutschen Klimaschutzziele wird ein notwendiger Preispfad von anfänglich 50 Euro pro Tonne CO_2 im Jahr 2020 bis 130 Euro im Jahr 2030 abgeleitet.

- Ergänzung der Bepreisung durch weitere klimapolitische Instrumente, um gezielt weitere Marktversagen zu korrigieren. Beispiele sind Informationsprogramme im Wärmesektor oder Förderprogramme zur energetischen Gebäudesanierung sowie staatliche Investitionen in Infrastruktur für Elektromobilität und öffentlichen Nah- und Fern- sowie Güterverkehr.

- Eine Reform der Energiesteuern und Abgaben in den Sektoren Verkehr und Wärme sowie Strom, um Fehlanreize zu beseitigen und eine effiziente Kopplung der Sektoren (vor allem Mobilität und Wärme mittels Strom aus erneuerbaren Energiequellen) zu ermöglichen.
- Eine Pro-Kopf-Rückerstattung für Haushalte von staatlichen Einnahmen durch die Bepreisung von CO_2 (sogenannte Klimadividende), um einen sozialverträglichen Ausgleich zu schaffen, der untere Einkommensgruppen entlastet und Besserverdiener progressiv belastet.
- Vorsorgemaßnahmen, um kurzfristige Nachteile von Unternehmen im internationalen Wettbewerb zu vermeiden, verbunden mit dem Ziel, Kooperation in der internationalen Klimapolitik zu stärken und Anreize für CO_2-Vermeidung weltweit zu erhöhen (ebd.).

Ende September 2019 hat die Bundesregierung Eckpunkte für das Klimaschutzprogramm 2030 vorgelegt (Bundesregierung 2019) sowie am 9. Oktober darauf aufbauend ein umfangreiches Maßnahmenpaket beschlossen, das am 15. November 2019 vom Bundestag angenommen wurde. Abstimmungen mit den Bundesländern im Zuge eines Vermittlungsverfahren im Dezember 2019 sowie neuerliche Debatten auf Bundesebene innerhalb der Koalition haben noch zu wesentlichen Anpassungen insbesondere der Höhe der CO_2-Preise geführt: Eine ab 2021 einzuführende Bepreisung von CO_2 in den Bereichen Verkehr und Wärme in Form eines nationalen Emissionshandelssystems (nEHS) mit einem Festpreispfad für die ersten fünf Jahre, wird als das Herzstück der Reform präsentiert. Trotz der beträchtlichen Nachbesserungen im Zuge des Vermittlungsverfahrens liegt der zunächst vorgesehene Preispfad weiterhin unter den seitens der Wissenschaft gemachten Empfehlungen für eine notwendige Lenkungswirkung. So soll der Einstieg bei 25 Euro pro Tonne CO_2 liegen und der Festpreis bis zum Jahr 2025 auf 55 Euro steigen. Die Regelungen für den Zeitraum ab 2026 sehen einen Preiskorridor zwischen 55 und 65 Euro vor.

Ergänzt wird dieses Preisinstrument durch einen breit gefächerten Maßnahmenmix, u.a. in den Bereichen energetische Gebäudesanierung und klimafreundliche Mobilität: So sollen energetische Sanierungsmaßnahmen steuerlich gefördert und Zuschüsse zu neuen Heizanlagen gewährt werden. Im Verkehrsbereich sollen durch Anreizsetzungen der Ausbau der Elektromobilität beschleunigt, der Nahverkehr ausgebaut sowie die Bahn gegenüber Reisen per Flugzeug begünstigt werden (ebd.). Zur weiteren Entlastung von Bürgerinnen und Bürgern durch die CO_2-Bepreisung im Verkehrssektor ist eine Erhöhung der Pendlerpauschale beschlossen worden. Auch sollen zusätzliche Einnahmen aus CO_2-Preisen dafür genutzt werden, den Strompreis zu senken. Insbesondere sollen die zusätzlichen Einnahmen aufgrund der im Vermittlungsverfahren zwischen Bund und Ländern vereinbarten höheren CO_2-Preise zu einer Senkung der EEG-Umlage verwendet werden. Die hier stichpunktartig aufgeführten Beispiele aus dem Maßnahmenbündel Wärme und Verkehr werden durch weitere Klimaschutzanstrengungen in den Bereichen Landwirtschaft, Industrie und Energiewirtschaft ergänzt.

Aus wissenschaftlicher Sicht und mit Blick auf die von der Politik selbst gesteckten Klimaschutzziele für das Jahr 2030 zeigen erste Untersuchungen, dass die ursprünglich vom Bundestag beschlossenen Maßnahmen in ihrer Wirkung ungenügend sein werden (Edenhofer et al. 2019b). So liegt der zunächst vorgesehene CO_2-Preispfad zu niedrig und reicht nicht weit genug in die Zukunft, um entsprechende Lenkungswirkung zu entfalten und Investitionssicherheit zu vermitteln (ebd.). Die Analyse zeigt ferner, dass das Ziel einer sozial ausgewogenen Klimapolitik mit den getroffenen Entscheidungen nicht erreicht wird. Tatsächlich wird die Mittelschicht am stärksten belastet, wohingegen untere Einkommensgruppen nur unzureichend vor Härtefällen geschützt sind. Bei perspektivisch deutlich steigenden CO_2-Preisen, die für ein Erreichen der Ziele notwendig wären, würde sich diese soziale Schieflage entsprechend drastisch verschärfen (ebd.). Die Nachbesserungen im Ergebnis der Bund-Länder-Verhandlungen weisen bezüglich Ambitionsniveau und Rückverteilung über sinkende Strompreise in die richtige Richtung, weitere Nachjustierungen werden zur Zielerreichung aber wohl notwendig sein.

Positiv kann die gewählte Architektur für eine umfassende CO_2-Bepreisung bewertet werden: Einstieg mittels Fixpreis und Überführung in ein nationales Emissionshandelssystem für Wärme und Verkehr sowie die angestrebte Integration in das EU ETS mit einem Mindestpreis bis zum Ende der Dekade (ebd.). Tatsächlich legt die Untersuchung nahe, auf Basis dieser Architektur nachzusteuern, den CO_2-Preispfad auf ein mit den Zielen kompatibles Niveau anzuheben und wirksame soziale Ausgleichsmechanismen (beispielsweise durch eine Pro-Kopf-Rückverteilung der Bepreisungserlöse) umzusetzen. Neben einer stärkeren Einbettung dieser Strategie in den europäischen Kontext ist ebenso ein wirksames Monitoring wesentlich (ebd.).

Mit Blick auf das Übereinkommen von Paris zeigt die Analyse der Situation in Deutschland, dass die Umsetzung wirksamer und sozial ausgewogener Klimapolitik selbst für bereits bestehende nationale Klimaschutzverpflichtungen politisch anspruchsvoll ist, auch wenn vonseiten der Forschung umfassende Analysen mit Gestaltungsoptionen vorliegen. Darüber hinaus kann argumentiert werden, dass, wie bereits dargelegt, die derzeit gültigen nationalen und europäischen Klimaschutzziele zumindest nicht dem starken Ambitionsniveau eines 1,5°C-Stabilisierungspfades entsprechen. Es bleibt – in Deutschland wie in anderen Teilen der Welt – ein gesellschaftlicher Aushandlungsprozess zu Mitteln und Wegen, um den gemeinschaftlich eingegangenen Verpflichtungen aus dem Übereinkommen von Paris gerecht zu werden.

5.4. Bürgerschaftliches Engagement

Tatsächlich erscheint es für ein Gelingen der Klimastabilisierung – und für eine erfolgreiche Umsetzung des Übereinkommens von Paris – unerlässlich, dass eine Vielzahl von Akteuren aktiv die notwendigen Veränderungen voranbringen und den Wandel gestalten. So kann Klimaschutz als Gemeinschaftsaufgabe beschrieben werden, die Verantwortungsübernahme in ganz unterschiedlichen Kontexten und Entscheidungssituationen ermöglicht. Das Carbon Law (Rockström et al. 2017) liefert einen Orientierungsrahmen, der es ermöglicht, auch individuelle Beiträge mit den Zielen des Übereinkommens von Paris in Bezug zu setzen. Eine Halbierung der globalen Treibhausgasemissionen in jeder Dekade bedingt im Durchschnitt eine Halbierung des Treibhausgasausstoßes aller Bürgerinnen und Bürger im gleichen Zeitraum. Mit Blick auf die großen Wohlfahrtsunterschiede und höchst unterschiedlichen derzeitigen Pro-Kopf-Emissionsmengen sind die Anforderungen an bürgerschaftliches Handeln in Ländern wie Deutschland noch entsprechend höher.

Der Größe der Aufgabe stehen allerdings bereits zahlreiche ermutigende Ansätze für aktives Handeln von Bürgerinnen und Bürgern gegenüber, die persönlich Verantwortung übernehmen und neue Wege gehen. Dabei sind es oftmals nicht in erster Linie politische Anreizsetzungen, die Verhaltensänderungen motivieren. Ebenso von Relevanz sind sich verändernde Werte und Normen, die vormals akzeptierte Verhaltensmuster hinterfragen helfen und in der Konsequenz Lebens- und Konsumentscheidungen hin zu mehr Nachhaltigkeit beeinflussen. Der Zugang zu und ein sich Auseinandersetzen mit Informationen, beispielsweise zu wissenschaftlichen Fakten bezüglich der Folgen eines fortschreitenden Klimawandels, aber auch die Verfügbarkeit von klimaschonenden Alternativen, sowohl technischer als auch sozialer Natur, beeinflussen die Geschwindigkeit dieser Veränderungsprozesse. Ein gesellschaftlicher Wertewandel benötigt in der Regel Zeit, allerdings könnte er sich auch beschleunigt oder gar in Sprüngen vollziehen, angesichts sich rasch verändernder sozialer und ökologischer Umweltbedingungen (Otto et al. 2020).

Neben der aus Sicht der Forschung unbestrittenen Notwendigkeit für internationale Kooperation und staatliches Handeln im Sinne einer Rahmen- und Anreizsetzung entfaltet sich „Klimaschutz als

Weltbürgerbewegung", wie es der Wissenschaftliche Beirat der Bundesregierung Globale Umweltveränderungen aufgezeigt hat (WBGU 2014). Tatsächlich können in der derzeitigen Phase intensiver gesellschaftlicher Debatten und politischer Richtungssuche gerade Initiativen von engagierten Bürgerinnen und Bürgern entscheidend sein, um Transformationsprozesse anstoßen zu helfen und das Momentum der Beschleunigung, das mitunter auch Verunsicherung und Gegenkräfte erzeugt, zu stabilisieren. Ebenso lassen sich Chancen und positive Aspekte des Wandels herausstellen. Die Stichworte für Engagement auf unterschiedlichen Ebenen sind zahlreich: Divestition, Transition Towns, politischer Konsum, Citizen Science, individueller Emissionshandel, grünes Beschaffungswesen, Energiegenossenschaften, Reallabore, Städtenetzwerke und viele weitere mehr (ebd.).

Die stärkste Kraft aus der Zivilgesellschaft ist jedoch eine Bewegung der Jugend, deren künftige Lebensbedingungen in stärkster Konsequenz durch unser aller Verhalten und Entscheidungen heute und in Zukunft geprägt und mitbestimmt wird. ‚Fridays-for-Future' schreibt Geschichte als eine machtvolle selbstorganisierte Stimme Vieler, die weltweit auf der Basis wissenschaftlicher Fakten politische Verantwortungsträger in die Pflicht nehmen, den eingegangenen Verpflichtungen aus dem Übereinkommen von Paris tatsächlich auch gerecht zu werden.

Ausblick
6

Der 12. Dezember 2015 markiert mit dem Beschluss des Übereinkommens von Paris eine historische Zäsur – die Einigung auf ein konkretes, globales Umweltziel zur Einhegung des Klimawandels und das Versprechen, für dessen Einhaltung kooperativ und ambitioniert zusammenzuarbeiten. Gleichwohl lassen sich aus der Struktur des Vertragswerks keine unmittelbar verpflichtenden klimapolitischen Maßnahmen für Vertragsstaaten herleiten. Dennoch schafft das nunmehr völkerrechtlich verankerte Umweltziel zusammen mit den prozeduralen Berichtpflichten wichtige Grundlagen, die erfolgreichen Klimaschutz ermöglichen helfen. Insbesondere die regelmäßige, weltweite Bestandsaufnahme (global stocktake), die in Artikel 14 festgeschrieben ist, soll aufzeigen, inwieweit die kollektiven Anstrengungen die Erfüllung des Zwecks des Abkommens und das Erreichen seiner langfristigen Ziele ermöglichen. Als institutionalisiertes Forum erlaubt es einen faktenbasierten Dialog zwischen den Vertragsstaaten im Hinblick auf Möglichkeiten zur Erhöhung des Ambitionsniveaus und der Umsetzung entsprechender Maßnahmen zur Zielerreichung.

Darüber hinaus wird Transparenz für eine globale Öffentlichkeit geschaffen, mit einer Reichweite weit jenseits der offiziell am Verhandlungsprozess Beteiligten. Dies ist von hohem Wert für Bewegungen, wie 'Fridays-for-Future', Nichtregierungsorganisationen aber auch engagierte Bürgerinnen und Bürger: Eine Vielzahl zivilgesellschaftlicher Akteure setzen sich mit ihrer Stimme politisch und gesellschaftlich für wirksameren Klimaschutz ein und wirken als Pioniere des Wandels an Veränderungen eigenverantwortlich auf verschiedenen Ebenen mit.

Mit Beginn der Umsetzungsphase des Übereinkommens von Paris im Jahr 2020 beginnt ein neues Kapitel in der internationalen Klimapolitik, dessen Ausgang noch ungewiss, aber von höchster Tragweite ist. Die derzeit zu verzeichnenden weltweiten Trends für den Ausstoß von Treibhausgasen sind weit entfernt von Pfaden, die eine Klimastabilisierung im Einklang mit den politisch vereinbarten Zielen ermöglichen würden. So öffnet sich die Schere zwischen notwendigen Veränderungen und tatsächlichen Entwicklungen mit jedem weiteren Jahr mehr. Die politischen Wetten der Vergangenheit, ambitionierte Ziele für die Zukunft zu beschließen, die Einführung entsprechender Maßnahmen zur Zielerreichung jedoch zu scheuen, werden sich bereits auf mittlere Sicht nicht mehr aufrechterhalten lassen.

Immer deutlicher tritt zutage, wie stark sich die negativen Auswirkungen des Klimawandels bereits manifestieren – und dies nicht nur in weit entfernten Teilen der Welt. Die Schäden durch Klimafolgen steigen, ebenso wie die gesellschaftlichen Kosten von zu schwachem und zu spätem Handeln. Das Übereinkommen von Paris in der Summe seiner Artikel und Ausführungsbestimmungen beinhaltet keine Garantie, rechtzeitig dieser Entwicklung entgegenzuwirken und gefährlichen Klimawandel zu vermeiden. Nur entsprechende politische Rahmensetzungen in einer ausreichend großen Zahl von Ländern, motiviert und unterstützt von einer aktiven Zivilgesellschaft, können dies leisten. Durch die klug gewählte Architektur, die auf Kooperation und die Stärkung von Klimaschutzmaßnahmen ausgelegt ist, eröffnet das Vertragswerk jedoch die beste Chance, die die Welt hat, um auf diesem Weg letztlich erfolgreich zu sein.

LITERATURVERZEICHNIS

Bundesregierung (2019): Eckpunkte für das Klimaschutzprogramm 2030. Weblink: https://www.bundesregierung.de/resource/blob/975232/1673502/768b67ba939c098c994b71c0b7d6e636/2019-09-20-klimaschutzprogramm-data.pdf?download=1

Climate Action Tracker (2019): Climate Action Tracker (CAT). Weblink: https://climateactiontracker.org/

Edenhofer, O., Jakob, M. (2019): Klimapolitik – Ziele, Konflikte, Lösungen. München

Edenhofer, O., Flachsland, C., Kalkuhl, M., Knopf, B., Pahle, M. (2019a): Optionen für eine CO_2-Preisreform. MCC-PIK-Expertise für den Sachverständigenrat zur Begutachtung der gesamtwirtschaftlichen Entwicklung. Weblink: https://www.mcc-berlin.net/fileadmin/data/B2.3_Publications/Working%20Paper/2019_MCC_Optionen_f%C3%BCr_eine_CO2-Preisreform_final.pdf

Edenhofer, O., Flachsland, C., Kalkuhl, M., Knopf, B., Pahle, M. (2019b): Bewertung des Klimapakets und nächste Schritte. CO_2-Preis, sozialer Ausgleich, Europa, Monitoring. Weblink: https://www.mcc-berlin.net/fileadmin/data/B2.3_Publications/Working%20Paper/2019_MCC_Bewertung_des_Klimapakets_final.pdf

EDGAR (2019): Emissions Database for Global Atmospheric Research. European Commission: Joint Research Centre. Weblink: https://edgar.jrc.ec.europa.eu/

EUR-Lex (2019): Das Übereinkommen von Paris. [Originaltext und Übersetzungen]. Weblink: https://eur-lex.europa.eu/legal-content/DE/TXT/?uri=CELEX:22016A1019(01)

Iacobuta, G., Dubash, N.K., Upadhyaya, P., Deribe. M., Höhne, N. (2018): National climate change mitigation legislation, strategy and targets: a global update. Climate Policy, Volume 18, 2018 – Issue 9. Weblink: https://www.tandfonline.com/doi/full/10.1080/14693062.2018.1489772

IPCC (2014): Climate Change 2014: Synthesis Report. Contribution of Working Groups I, II and III to the Fifth Assessment Report of the Intergovernmental Panel on Climate Change [Core Writing Team, Pachauri, R.K., Meyer, L.A. (Hrsg.)]. Genf: IPCC. Weblink: http://www.ipcc.ch/pdf/assessment-report/ar5/syr/SYR_AR5_FINAL_full.pdf

IPCC (2018): Global Warming of 1.5 °C. An IPCC special report on the impacts of global warming of 1.5 °C above pre-industrial levels and related global greenhouse gas emission pathways, in the context of strengthening the global response to the threat of climate change, sustainable development, and efforts to eradicate poverty. Summary for Policymakers. Genf: IPCC. Weblink: http://report.ipcc.ch/sr15/pdf/sr15_spm_final.pdf

Klingenfeld, D. (2012a): Die 2°C-Temperaturleitplanke als Koordinate globaler Klimapolitik. In: Keil, G., Poscher, R. (Hrsg.): Unscharfe Grenzen im Umwelt- und Technikrecht. Baden-Baden. Weblink: https://www.pik-potsdam. de/members/danielkl/documents/ klingenfeld_2-grad-leitplanke

Klingenfeld, D. (2012b): On Strategies for Avoiding Dangerous Climate Change: Elements of a Global Carbon Market. Münster

Le Quéré, C., Andrew, R.M., Friedlingstein, P., Sitch, S., Hauck, J., Pongratz, J., Pickers, P.A., Korsbakken, J.I., Peters, G.P., Canadell, J.G. et al. (2018): Global Carbon Budget 2018. Earth System Science Data. Weblink: https://doi. org/10.5194/essd-10-2141-2018

MCC Mercator Research Institute on Global Commons and Climate Change (2019): CO_2-Uhr. Berlin: MCC. Weblink: https://www.mcc-berlin.net/forschung/ co2-budget.html

NOAA National Oceanic and Atmospheric Administration (2019): Trends in Atmospheric Carbon Dioxide. Weblink: https://www.esrl.noaa.gov/gmd/ccgg/ trends/

Otto, I.M., Donges, J.F., Cremades, R., Bhowmik, A., Lucht, W., Rockström, J., Allerberger, F., Doe, S., Hewitt, R., Lenferna, A., McCaffrey, M., Moran, N., van Vuuren, D.P., Schellnhuber H.J. (2020): Social tipping dynamics for stabilizing Earth's climate by 2050. PNAS, 117 (3)

PIK Potsdam-Institut für Klimafolgenforschung (2017): Kippelemente – Achillesfersen im Erdsystem. Weblink: https:// www.pik-potsdam.de/services/infothek/ kippelemente/kippelemente?set_ language=de

Rockström, J., Gaffney, O., Rogelj, J., Meinshausen, M., Nakicenovic, N., Schellnhuber, H.J. (2017): A roadmap for rapid decarbonization. SCIENCE 355: 1269 – Issue 6331. Weblink: https://science.sciencemag.org/ content/355/6331/1269

Shishlov, I., Morel, R., Bellassen, V. (2015): Compliance of the Parties to the Kyoto Protocol in the first commitment period. Climate Policy, Volume 16, 2016 – Issue 6. Weblink: https://www. tandfonline.com/doi/abs/10.1080/14693 062.2016.1164658

Steffen, W., Rockström, J., Richardson, K., Lenton, T.M., Folke, C., Liverman, D., Summerhayes, C.P., Barnosky, A.D., Cornell, S.E., Crucifix, M., Donges, J.F., Fetzer, I., Lade, S.J., Scheffer, M., Winkelmann, R., Schellnhuber, H.J. (2018): Trajectories of the Earth System in the Anthropocene. PNAS Proceedings of the National Academy of Sciences of the United States of America. Weblink: https://www.pnas. org/content/115/33/8252

UNFCCC (1992): United Nations Framework Convention on Climate Change. Weblink: http://unfccc.int/resource/docs/convkp/conveng.pdf

WBGU Wissenschaftlicher Beirat der Bundesregierung Globale Umweltveränderungen (2011): Welt im Wandel – Gesellschaftsvertrag für eine Große Transformation. Hauptgutachten. Berlin: WBGU. Weblink: https://www.wbgu.de/de/publikationen/publikation/welt-im-wandel-gesellschaftsvertrag-fuer-eine-grosse-transformation

WBGU Wissenschaftlicher Beirat der Bundesregierung Globale Umweltveränderungen (2014): Klimaschutz als Weltbürgerbewegung. Sondergutachten. Berlin: WBGU. Weblink: https://www.wbgu.de/fileadmin/user_upload/wbgu/publikationen/sondergutachten/sg2014/wbgu_sg2014.pdf

Willeit, M., Ganopolski, A., Calov, R., Brovkin, V. (2019): Mid-Pleistocene transition in glacial cycles explained by declining CO_2 and regolith removal. Science Advances. Weblink: https://advances.sciencemag.org/content/5/4/eaav7337